Viel Spass als Freizeitsuppenköchin

Ihre Jutta Richter

Die Klassiker der schnellen Küche

Suppen

monte von DUMONT

Die Klassiker der
schnellen Küche

Suppen

Britta Reichel

Fotografien von Brigitte Sporrer
und Alena Hrbkova

Bemerkungen:
Eier: Sofern nicht anders erwähnt, beziehen sich die Angaben auf Eier mittlerer Größe.

Milch: Sofern nicht anders erwähnt, beziehen sich die Angaben auf Vollmilch (3,5 % Fettgehalt).

Geflügel: Geflügel sollte immer in durchgebratenem Zustand verzehrt werden. Halbgares Geflügel ist am Besten durch das Anstechen mit einer Gabel zu erkennen. Wenn der hierbei austretende Saft rot oder rosa ist, sollte die Garzeit noch etwas verlängert werden. Ist der Saft klar, ist das Geflügel fertig.

Nüsse: Vereinzelt enthalten Gerichte dieses Buches Nüsse oder Nussöl. Allergiker oder zu Allergien neigende Personen sollten auf den Verzehr dieser Gerichte verzichten.

Kräuter: Verwenden Sie, wenn nicht anders vermerkt, frische Kräuter. Sollten diese nicht erhältlich sein, können sie durch die halbe Menge getrockneter Kräuter ersetzt werden.

Alkohol: Einzelne Gerichte dieses Buches enthalten Alkohol. Kinder und alkoholempfindliche Personen sollten auf den Verzehr dieser Gerichte verzichten.

Die in den Rezepten angegebenen Temperaturen und Zeiten beziehen sich auf Backöfen. Verwenden Sie einen Umluftofen, gleichen Sie die Angaben bitte entsprechend den Anweisungen des Herstellers an.

Inhalt

Einleitung

Mit Erfindung der Töpferei vor ca. 6000 Jahren, so ist überliefert, wurden in Mesopotamien, dem Zweistromland zwischen Euphrat und Tigris, die ersten Suppen kreiert. Von hier aus verbreitete sich die Kunst des Suppenkochens nach Ägypten, anschließend nach Griechenland und Rom. Durch die römischen Eroberungszüge wurde die Suppe in den besetzten Gebieten heimisch gemacht. Archäologen fanden in Mitteleuropa Suppentöpfe aus Stein und Holzteller, die nahe legen, dass es hier Suppen schon vor rund 5000 Jahren gegeben hat.

Wie in überlieferten Rezepten nachzulesen ist, können die Spätrenaissance und das Barock als die Blütezeit der Suppenküche bezeichnet werden: Sechs Kilogramm Rindfleisch, drei Kilogramm Schweinefleisch, ein Kilogramm Schöpsenes (Schaffleisch), ein Duzend Fasane, aufgegossen mit 15 Litern Wasser, lasse man 40 Stunden leicht am Herd köcheln. Zur besonderen Verfeinerung des Geschmacks sollten drei bis vier Rebhühner oder Wachteln zugegeben werden. Das Fleisch wurde nach dem Kochen abgeschöpft und weggeworfen, denn gegessen wurde nur die Suppe - heutzutage eine kaum vorstellbare Verschwendung.

Das Restaurant – eine Suppenküche

1765 wurde in Paris von Monsieur Boulanger, einem Straßenverkäufer, das erste Lokal eröffnet, in dem es ausschließlich Suppen gab. Über der Eingangstür hatte der Besitzer ein Schild angebracht, auf dem – allerdings in Lateinisch – Folgendes zu lesen stand: »Kommt zu mir, wenn euer Magen euch quält, und ich werde euch wieder aufrichten.« Aus dem Wort »restaurabo« (von restaurare = wiederherstellen) entstand die Bezeichnung Restaurant. Ein Restaurant ist demnach im überlieferten Sinne eigentlich eine Suppenküche!

Warm oder kalt

Suppen und Eintöpfe lassen sich auch heute regional nicht begrenzen – überall auf der Welt werden sie mit unterschiedlichen Geschmacksnuancen zubereitet. Süß, sauer, scharf, deftig oder delikat sind nur einige Adjektive, die auf sie zutreffen. In der Regel werden sie warm genossen, in vielen Ländern kennt man aber auch kalte Varianten, die besonders an heißen Sommertagen eine willkommene Erfrischung bieten. Berühmt unter den kalten Suppen sind die spanische »Gazpacho« aus Gurken oder die Obstsuppe.

Die Tradition der Suppen ist so vielfältig wie ihre Zubereitung. In Europa werden sie meist als Auftakt zu einem Menü serviert, in Asien als eigenständiger Gang zwischen den Gerichten oder sogar am Ende des Essens. Ob sie aber als Vorspeise, kleiner Imbiss oder sättigendes Hauptgericht auf den Tisch kommen ihre Vielfalt ist unschlagbar: So werden sie aus Rindfleisch, Geflügel, Wild, Fisch oder Gemüse ebenso zubereitet wie aus Obst.

Suppen machen nicht dick!

Die beste Grundlage für eine gute Suppe ist eine selbst gekochte Brühe aus Fleisch und Knochen, Geflügel, Fisch oder aus Gemüse und Kräutern. Sie wirkt wegen ihrer Geschmacks- und Extraktionsstoffe besonders appetitanregend. Eine klare Bouillon hat auch kaum Kalorien. Ein Teller klare Rinderbrühe enthält beispielsweise nur rund 18 kcal. Im Vergleich dazu hat ein Brötchen oder eine Scheibe Brot schon etwa 85 kcal.

Sollte Ihnen Ihre Fleischbrühe dennoch zu fett sein, lässt sich das Fett leicht abschöpfen, indem Sie die Suppe kalt werden lassen und für ein paar Stunden in den Kühlschrank stellen. Das Fett wird dabei hart, schwimmt auf der Brühe und lässt sich anschließend leicht mit einer Schöpfkelle oder einem Löffel abnehmen.

Neben den klaren Brühen gibt es aber auch noch die gebundenen Suppen, die meist auf der Grundlage von Mehl zubereitet werden. Unter ihnen spielen die leicht verdaulichen und sehr schmackhaften Gemüsesuppen eine Hauptrolle. Ein Teller dieses Gerichts enthält je nach Zutaten zwischen 85 und 110 kcal. Durch die Zugabe von Sahne oder Milch und mit einem Eigelb legiert, avanciert die Gemüsesuppe zur Cremesuppe. Sie ist durch diese Verfeinerung natürlich kalorienreicher und enthält dann bis zu 500 kcal. Bedenkt man aber, dass dies nur einem mit Schinken und Käse belegtem Brot entspricht, ist selbst eine so »üppige« Suppe eine »schlanke« Mahlzeit.

Gehaltvoller und damit auch sättigender wird die Suppe durch eine Einlage, deren Variationsmöglichkeiten noch zahlreicher sind als die der Suppen selbst. Gemüse, Eier, Nudeln, Reis oder Brot kommen als Einlage ebenso in Frage wie Nockerl oder Klößchen. Der Eintopf gilt als eigenständiges Hauptgericht. Hierbei wird die Suppe durch verschiedene Einlagen stark eingedickt.

Konsommee

Eine besonders kräftige, aber fettarme klare Brühe, eine so genannte Konsommee, erhalten Sie, wenn Sie in eine fertige Brühe aus 500 g Suppenfleisch noch 125 g Rinderhack und zwei verquirlte Eiweiße einrühren. Die Suppe erneut zum Kochen bringen und für ca. fünf Minuten ziehen lassen. Anschließend gießen Sie die Suppe durch ein Sieb ab. Besonders dick wird sie, wenn Sie ein Stück zerhackten Kalbsfuß in der Suppe mitkochen. Er enthält viel Gelatine, die die Suppe andickt.

Welche Suppe passt wann?

Bei der Auswahl der Suppe sollten Sie immer darauf achten, welches Hauptgericht geplant ist. Vor einem sättigenden Essen, bei dem beispielsweise ein Rinderbraten geplant ist, sollten Sie als Vorspeise eine leichte Suppe, beispielsweise eine Eierflaumsuppe servieren und nicht etwa eine Ochsenschwanzsuppe. Vor Mehlspeisen darf es ruhig eine kalorienreiche Gemüsecreme- oder Leberknödelsuppe sein. Feinschmecker bevorzugen vor Fischgerichten eine Fischsuppe, allerdings eignen sich hier auch alle Variationen von Gemüsesuppen. Vor einem Menü, dem mehrere Gänge folgen, ist eine leichte Suppe angebracht. Auch die Farbe spielt bei der Auswahl der Suppe eine Rolle: So sollten Sie keine rote Tomatensuppe vor einem Gulasch servieren oder eine weiße Knoblauchsuppe vor einem mit Knoblauch gewürzten hellen Ragout. Ebenso wenig empfiehlt es sich, eine Kräutersuppe als Vorspeise vor ein Gericht auszuwählen, das mit vielen Kräutern zubereitet wird. Bei der Zusammenstellung des Menüs sollte man immer auf geschmackliche Vielfalt achten.

Wein zur Suppe?

Gourmets können über die Frage, ob man Wein zur Suppe servieren kann, stundenlang diskutieren – ohne dass es auf diese alte Streitfrage jedoch eine klare Antwort geben würde. Aber warum sollte man zu einer guten Suppe nicht auch ein Glas Wein servieren? Dennoch sollten Sie aus Geschmacksgründen einige Dinge beachten: Kräftige Suppen wie etwa eine Konsommee aus Rind- oder Wildfleisch werden oft mit etwas trockenem Sherry abgeschmeckt. Als Aperitif und auch zur Suppe passt daher ebenfalls ein trockener Sherry. Falls Sie als Aperitif Champagner servieren, kann dieser auch zur Suppe getrunken werden. Dass zu Biersuppen ein Bier und zu Weinsuppen ein Wein (derselbe, der auch für die Zubereitung der Suppe verwendet wurde) gehört, versteht sich fast von selbst. Zu Fischsuppen passt, wie zu Fischgerichten allgemein, ein Weißwein oder auch ein Rosé. Dunkle Gemüsesuppen werden geschmacklich eher durch Rotwein, helle Gemüsesuppen durch Weißwein ergänzt. Zu scharfen Suppen empfiehlt sich ein leichter Rotwein. Zu asiatischen Suppen können Sie Ihre Gäste aber auch mal mit einem Gläschen Reiswein überraschen.

Vorratshaltung

Die Zubereitung einer guten Suppe braucht etwas Zeit. Egal, ob für die Brühe Fleisch oder Gemüse als Grundlage dient, eine Suppe sollte bei mäßiger Hitze etwa 1½ bis 2 Stunden köcheln, damit sich die verschiedenen Aromen so richtig entfalten können. Die meisten Suppen – und dies gilt auch für fast alle Eintöpfe – schmecken jedoch aufgewärmt genauso gut – wenn nicht noch besser – als frisch gekocht. Wenn Gäste kommen, kann die Suppe problemlos schon ein oder zwei Tage vorher zubereitet werden. Sie hält sich im Kühlschrank drei bis vier Tage. Je nach Art sollten Sie die Einlage jedoch getrennt von der Suppe aufbewahren oder frisch zubereiten.

Wer sich noch größere Vorräte anlegen möchte, kann Suppen auch im Tiefkühlfach aufbewahren. Gebundene Suppen und Einlagen können Sie etwa drei Monate, fettarme klare Brühen vier bis sechs Monate einfrieren.

Wenn Sie vorhaben, gebundene Suppen einzufrieren, sollten Sie jedoch die Fett- und Zwiebelmenge reduzieren, da diese beim Einfrieren leicht Geschmacksveränderungen bewirken können. Die fertige Suppe zuerst abkühlen lassen, dann in Aluminium- oder Plastikbehälter verpacken und einfrieren. Zum Auftauen etwas Wasser in einen Topf geben, die gefrorene Suppe hineingeben und unter ständigem Rühren erhitzen. Noch einmal abschmecken und eventuell noch angebratene Zwiebelwürfel und Butter dazugeben.

Bei einer klaren Bouillon ist es wichtig, dass sie vor dem Einfrieren gründlich entfettet wurde, da sie sonst schnell ranzig werden kann. Eine Platz sparende und praktische Möglichkeit, die Suppe aufzubewahren ist, einen Fond herzustellen und diesen einzufrieren. Dazu lässt man die ungesalzene, entfettete Brühe in einem offenen Topf bei starker Hitze auf die Hälfte der

Menge einkochen – diesen Fond können Sie anschließend portionsweise auf Plastikdosen verteilen und einfrieren. Zum Auftauen wird dieser im gefrorenen Zustand in einen Topf gegeben, erhitzt, mit Wasser verdünnt und mit Salz abgeschmeckt.

Ein Fond bildet im Übrigen auch eine gute Grundlage für Saucen. Dazu füllen Sie ihn in den Eiswürfelbehälter Ihres Gefriergerätes und lassen ihn ein oder zwei Tage vorfrieren. Dann halten Sie den Behälter unter fließendes, kaltes Wasser und drücken die Würfel in Gefrierbeutel, die Sie problemlos in der Tiefkühltruhe aufbewahren können. Benötigen Sie dann den Fond für eine Sauce, nehmen Sie einfach die benötigte Anzahl an Würfeln aus dem Beutel - der Rest bleibt eingefroren.

Suppeneinlagen

Suppeneinlagen lassen sich roh oder gegart einfrieren – je nach Einlage. Grießnockerl oder Markklößchen eignen sich beispielsweise zum Einfrieren in rohem Zustand. Der Teig wird nach Rezept hergestellt und die Klößchen auf einem Teller oder einer Platte vorgefroren, damit sie nicht zusammenkleben und ihre Form behalten. Anschließend werden sie vorschriftsmäßig im Gefrierbeutel verpackt und tiefgefroren. Leberspätzle, Leberknödel, kleine Semmelknödel und Butterklößchen werden gegart eingefroren. Nach Rezept zubereiten, aus der Brühe nehmen, abkühlen lassen und ebenfalls auf einer Platte vorfrieren. Erst dann in Gefrierbeutel umfüllen.

Zum Auftauen werden die gefrorenen Einlagen in die kochende Suppe gegeben, rohe Einlagen darin gar ziehen lassen.

Fertigprodukte

Wer nicht viel Zeit hat und auch über keinen Vorrat im Tiefkühlgerät verfügt, kann auf Fertigprodukte aus dem Supermarkt zurückgreifen. Das Angebot ist riesig. Es reicht von Instant-Produkten für Gemüse- oder Fleischbrühe in Pulverform über flüssige, konzentrierte Fonds aus dem Glas bis hin zur fertigen Suppe aus der Tüte oder Dose. Verfeinert man eine Dosensuppe mit Sahne oder / und einem Schuss Sherry, kann sie zwar lecker schmecken, an eine selbst zubereitete Suppe wird ihr Aroma jedoch kaum heranreichen können. Fertige Fonds gibt es in den verschiedensten Geschmacksrichtungen, wie beispielsweise Wild- oder Fischfond. Einziger Nachteil: Ist das Glas einmal geöffnet, muss der Inhalt ziemlich schnell verbraucht werden. Unter den Instant-Produkten sind Gemüse-Hefebrühen aus dem Naturkostladen oder Reformhaus besonders zu empfehlen, da sie keine Geschmacksverstärker enthalten.

Der Brühwürfel als Ersatz für selbst gekochte Brühen und zum Würzen von eigenständig zubereiteten Bouillons hat sich längst durchgesetzt. Der qualitative Extrakt aus Rind- oder Hühnerfleisch beziehungsweise aus Gemüse und die darin enthaltenen Gewürze ist inzwischen so hochwertig, dass wohl nur Gourmets den Unterschied schmecken.

Das Angebot an Gemüse in den Tiefkühltruhen der Supermärkte ist inzwischen so vielfältig, dass damit Gemüsebrühen, Cremesuppen oder Eintöpfe ebenso zubereitet werden können wie mit frischem Gemüse.

Hülsenfrüchte warm, nicht kalt einweichen

Hülsenfrüchte wie beispielsweise Linsen, weiße Bohnen, grüne Bohnen, Erbsen und Kichererbsen sind außerordentlich gesund und erfreuen sich besonders in Eintöpfen großer Beliebtheit. Aber gerade getrocknete Hülsenfrüchte haben lange Garzeiten und sollten am besten über Nacht in kalkarmem Wasser eingeweicht werden. Die Einweichzeit können Sie erheblich verkürzen, indem Sie die Hülsenfrüchte nicht in kaltem, sondern in warmem Wasser einweichen. Und so wird es gemacht: Die Hülsenfrüchte waschen und in einen Topf geben, dazu die doppelte Menge Wasser gießen. Den Topf bei mittlerer Hitze langsam auf dem Herd erwärmen, jedoch nicht kochen lassen. Das Ganze auf keinen Fall zu heiß werden lassen, denn sonst werden die Hülsenfrüchte hart. Den warmen Topf zudecken, in Tücher einschlagen oder bei ganz schwacher Wärmezufuhr auf der Herdplatte stehen lassen. Schon nach etwa vier Stunden können Sie dann mit der Zubereitung der Hülsenfrüchte beginnen.

Auf den Topf kommt es an

Durch die Verwendung eines Dampfkochtopfs lässt sich die Garzeit für Suppen und Eintöpfe erheblich herabsetzen. Einige Kochexperten lehnen diesen Topf vehement ab. Sollten Sie jedoch in Eile sein und in etwa einer knappen Stunde ein Essen auf den Tisch zaubern müssen, werden Sie die Vorteile dieses Topfes schätzen lernen. Wenn es also schnell gehen muss, ist der Einsatz

eines Dampfdrucktopfes durchaus sinnvoll: Auf diese Art braucht eine Fleischbrühe anstatt zwei Stunden nur noch etwa 20 Minuten, ein Linseneintopf statt einer guten Stunde nur etwa 10 Minuten. Beachten Sie aber die Gebrauchsanweisung ihres Dampfkochtopfes genau. Sie dürfen die angegebenen Garzeiten auf keinen Fall überschreiten, da sonst die Zutaten zu weich werden. Nicht nur die Garzeiten reduzieren sich bis auf ein Drittel, auch der Energieverbrauch sinkt um 50 Prozent. Dies ist darauf zurückzuführen, dass Sie die Hitze nach Erreichen des entsprechenden Drucks auf ein Minimum herabsetzten können.

Wer sich einen Dampfkochtopf anschaffen möchte, sollte auf die Größe achten und keinen zu kleinen wählen. Gerade Suppen lassen sich gut auf Vorrat zubereiten – dann sollte der Topf vielleicht auch die doppelte Menge aufnehmen können.

Wer die Muße hat, kann Suppen und Eintöpfe auch in Edelstahltöpfen zubereiten. Da Edelstahl keine besonders gute Leitfähigkeit besitzt, sollten Sie gute Edelstahltöpfe mit dicken Zwischenböden aus Aluminium oder Kupfer kaufen. Gusseiserne Töpfe leiten die Wärme sehr gut und eignen sich daher besonders für das Kochen von Eintöpfen. Zudem sind sie optisch ansprechend und man kann die Suppe oder den Eintopf gleich in ihnen servieren. Dieses Kochgeschirr ist nicht nur schön anzusehen, sondern hält den Eintopf auch lange warm. Ein Gusseisentopf ist allerdings sehr schwer und rostet leicht. Nach dem Abspülen muss er daher immer sorgfältig abgetrocknet werden, bevor er in den Schrank zurückgestellt wird. Alternativ gibt es auch emailbeschichtete Gusseisentöpfe.

Bei der Anschaffung eines Topfes sollten Sie auf die Hitzeleitfähigkeit des Topfbodens achten. Sie ist ausschlaggebend, wie schnell die Suppe oder der Eintopf heiß wird und vor allem, wie lange er braucht, um gar zu sein, also wie hoch der Energieverbrauch beim Kochen ist. Bei Herden mit Glaskeramik-Kochfeldern ist es zudem besonders wichtig, dass der Topfboden eben ist, damit er die Hitze gut aufnehmen kann. Auch sollte der Topfboden keinesfalls kleiner als das Kochfeld sein, denn so geht wertvolle Energie verloren.

Nützliches Zubehör

Für die Zubereitung von Creme- oder Gemüsesuppen eignet sich der Einsatz eines Mixstabes. Sie sparen sich dadurch das mühsame Durchpassieren mit der Hand. Wer keinen Mixstab zur Hand hat, kann seine Suppen auch im Mixer pürieren. Wenn die Suppe nur grob zerkleinert werden soll, tut es auch ein Kartoffelstampfer.

Basis-Rezepte

Ein altes Sprichwort sagt »Wer lange suppt, lebt lang!« und deutet darauf hin, wie viel Gutes in einer Suppe steckt. Egal ob die Grundsuppe aus Rindfleisch (s. S. 22), Gemüse (s. S. 21) oder Fisch (s. S. 28) gekocht wird, die Nährstoffe gehen in die Suppe über. Aus diesen Basis-Rezepten können Sie die verschiedensten Suppen zubereiten, der Fantasie sind keine Grenzen gesetzt.

Helle gebundene Suppe

Diese Grundlage für viele feine Suppen kann nach Belieben mit Gemüse, Kräutern und Gewürzen abgeschmeckt werden. Stärkegebundene Suppen dicken oft nach, deshalb sollte man kurz vor dem Servieren die Konsistenz prüfen und eventuell etwas verdünnen.

50 g Butter
50 g Mehl
1 l Brühe (Fleisch, Fisch oder Gemüse)

❶ Butter in einem Topf aufschäumen, aber nicht braun werden lassen. Mehl zufügen und mit einem Schneebesen glatt rühren. Unter geringer Hitze anschwitzen.

❷ Nach und nach die Flüssigkeit zugießen, zwischendurch immer wieder glatt rühren.

❸ Suppe ca. 20 Minuten köcheln lassen, damit der Mehlgeschmack neutralisiert wird.

Für 4 Personen, pro Portion ca. 200 kcal

Dunkle gebundene Suppe

Für die braune Mehlschwitze benötigt man etwas mehr Mehl, da durch das Bräunen die Quellfähigkeit verringert wird. Man kann in der Butter auch ca. 100 g klein gewürfeltes Suppengemüse mit anbraten, das man herausnimmt, bevor man das Mehl über die Butter staubt und mit der Flüssigkeit wieder zufügt.

50 g Butter
70 g Mehl
1 l Fleischbrühe

❶ Butter in einem Topf aufschäumen und hellbraun werden lassen. Mehl zufügen und mit einem Schneebesen glatt rühren. Bei mittlerer Hitze braun anschwitzen.

❷ Nach und nach die Flüssigkeit zugießen, zwischendurch immer wieder glatt rühren.

❸ Suppe ca. 20 Minuten köcheln lassen, damit der Mehlgeschmack neutralisiert wird.

Für 4 Personen, pro Portion ca. 220 kcal

Gemüsebrühe

Die vegetarische Variante der Bouillon benötigt man als Basis für viele Gerichte. Neben den im Rezept verwendeten Gemüsesorten können auch viele andere verwendet werden. Auch die Mengenangaben sind variabel. Das gekochte Gemüse kann gut cremig püriert und mit Sahne verfeinert werden.

½ kleiner Wirsing oder Weißkohl
1 Kohlrabi
4 große Möhren
2 Stangen Lauch
½ Knollensellerie
3 Stangen Bleichsellerie
¼ Blumenkohl oder 1 Brokkoli
1 Zwiebel
3 Knoblauchzehen
½ Bund Petersilie
2 Zweige Thymian
1 Lorbeerblatt
1 Teelöffel schwarze Pfefferkörner
Salz

❶ Gemüse waschen und putzen. Je nach Sorte klein würfeln, in dünne Ringe schneiden oder in Röschen teilen.

❷ Vorbereitetes Gemüse, Kräuter und Gewürze in einen hohen Topf geben und mit 1 l kaltem Wasser bedecken.

❸ Brühe ca. 40 Minuten ohne Deckel köcheln lassen und wiederholt abschäumen. Durch ein Sieb abgießen und das Gemüse anderweitig verwenden.

Für 4 Personen, pro Portion ca. 15 kcal

Rindfleischbrühe

Eine gute Rinderbrühe ist die Basis für viele Suppen. Sie kann mit einer Einlage aus Gemüse, Nudeln oder Eierstich verfeinert werden. Außerdem dient sie als Grundlage für die verschiedensten gebundenen Suppen. Die gebräunte Zwiebel verleiht ihr eine schöne goldene Farbe. Vorsicht: Nie darf die Brühe mit geschlossenem Deckel kochen, sonst wird sie trüb.

1 kg Rindfleisch, gut durchwachsen

3 Rinderknochen

1 Bund Suppengemüse

1 Zwiebel

2 Nelken

1 Lorbeerblatt

1 Teelöffel schwarze Pfefferkörner

1 Teelöffel Salz

❶ Fleisch und Knochen kalt abspülen und in einen hohen Suppentopf geben. Suppengemüse putzen, klein schneiden und zufügen.

❷ Ungeschälte Zwiebel halbieren und die Schnittflächen in einer trockenen Pfanne anbräunen. Mit den Nelken spicken und mit den restlichen Gewürzen in den Topf geben.

❸ Mit 1 l kaltem Wasser auffüllen und langsam zum Kochen bringen. Aufsteigenden Eiweißschaum wiederholt abnehmen.

❹ Brühe ca. 1½ Stunden ohne Deckel köcheln lassen. Ein Haarsieb mit einem Tuch auslegen, Fleisch herausnehmen und Brühe durch das Sieb gießen. Eventuell vor der Weiterverwendung entfetten.

Für 4 Personen, pro Portion ca. 145 kcal

Hühnerbrühe

Ein richtiges Suppenhuhn gibt mehr Geschmack ab als sein zarter Kollege, das Brathuhn. Allerdings ist das ausgekochte Fleisch keine besondere Delikatesse mehr. Am besten verarbeiten Sie es zu einem Frikassee mit einer cremigen Sauce.

1 großes Suppenhuhn
1 kleine Zwiebel
1 Möhre
¼ Knollensellerie
1 Stange Lauch
1 Petersilienwurzel
½ Bund glatte Petersilie
1 Zweig Thymian
1 Lorbeerblatt
2 Nelken
1 Teelöffel schwarze Pfefferkörner
Salz

❶ Huhn kalt abspülen und den Bürzel abschneiden. In einem hohen Topf mit 1 l kaltem Wasser bedecken.

❷ Die Zwiebel ungeschält halbieren und in einer trockenen Pfanne die Schnittflächen braun anrösten, mit den Nelken spicken. Restliches Gemüse waschen und putzen. Zusammen mit den Kräutern und Gewürzen zum Huhn geben. Nur leicht salzen.

❸ Brühe ca. 1½–2 Stunden ohne Deckel köcheln lassen und immer wieder den Schaum abschöpfen. Huhn herausnehmen und anderweitig verwenden. Brühe durch ein Haarsieb gießen. Eventuell vor der Weiterverwendung entfetten.

Für 4 Personen, pro Portion ca. 110 kcal

Klassische Fleischbouillon

Die ohnehin geschmackvolle Bouillon wird zur intensiven Kraftbrühe, wenn Sie 250 g mageres Hackfleisch in der fertigen Bouillon aufkochen und 30 Minuten ziehen lassen. Danach durch ein Haarsieb gießen. Brühe lässt sich auch gut auf Vorrat kochen und einfrieren.

1 kg Suppenfleisch
3 Kalbsknochen
1 Hühnerkarkasse
2 große Möhren
1 Stange Lauch
1 Petersilienwurzel
1 Stange Bleichsellerie
2 Knoblauchzehen
1 Zwiebel
2 Nelken
1 Lorbeerblatt
1 Teelöffel schwarze Pfefferkörner
Salz

❶ Fleisch und Knochen kalt abspülen und in einen hohen Suppentopf geben. Alles mit 1 l kaltem Wasser bedecken und zum Kochen bringen. Den aufsteigenden Eiweißschaum wiederholt abnehmen.

❷ Das Gemüse putzen, waschen und mit den Kräutern zusammenbinden. Die ungeschälte Zwiebel mit den Nelken spicken und alles mit den restlichen Gewürzen in den Topf geben.

❸ Brühe ca. 3 Stunden ohne Deckel köcheln lassen. Fleisch herausnehmen und die Brühe durch ein Haarsieb gießen. Eventuell vor der Weiterverwendung entfetten.

Für 4 Personen, pro Portion ca. 145 kcal

Wildkraftbrühe

Bei der Zubereitung von Wildgerichten fallen meist Fleisch- und Knochenreste als Abfall an. Sie sind zu schade, um in den Müll zu wandern, denn aus ihnen lässt sich eine treffliche Vorspeise bereiten.

❶ Eine große Bratenform mit Butter auspinseln. Knochen und sehnige Fleischreste hineinlegen und im vorgeheizten Backofen bei 220 °C ca. 25 Minuten anrösten, gelegentlich umrühren; die Knochen sollten möglichst von allen Seiten angebraten sein.

❷ In der Zwischenzeit Petersilienwurzel, Knollensellerie, Möhre und Schalotten putzen und grob würfeln; nach 20 Minuten Bratzeit zu den Knochen geben und mit anbraten.

❸ Bräter aus dem Backofen nehmen und Inhalt in einen großen Suppentopf umfüllen. Thymianzweig, Wacholderbeeren, Nelken, Lorbeerblatt und Pfefferkörner zugeben, mit Rotwein und Gemüsebrühe aufgießen und auf der Herdplatte zum Kochen bringen.

❹ Sobald die Brühe kocht, Schaum mit einer Schaumkelle abschöpfen und die Brühe 1½ Stunden köcheln lassen. Brühe durch ein sauberes dichtgewebtes Küchentuch abseihen.

❺ Wildbrühe mit etwas Sherry, Salz und frischgemahlenem Pfeffer abschmecken. Brühe erkalten lassen, Fett abschöpfen und noch einmal kurz aufkochen. Auf kleine Suppentassen verteilen und mit Schnittlauchröllchen garnieren.

Für 4 Personen, pro Portion ca. 60 kcal

1 Esslöffel Butter

500 g Knochen und sehnige Reste von Reh, Hirsch oder Hase (bereits vom Metzger zerkleinern lassen)

1 Petersilienwurzel

1 Stück (ca. 150 g) Knollensellerie

1 Möhre

2 Schalotten

1 Zweig frischer Thymian

4 Wacholderbeeren

2 Nelken

1 Lorbeerblatt

5 schwarze Pfefferkörner

750 ml trockener Rotwein

1 l Gemüsebrühe

etwas Sherry

Salz

frischgemahlener schwarzer Pfeffer

2 Esslöffel Schnittlauchröllchen

Fischfond

Die Zubereitung eines Fischfonds ist sicher aufwendiger als der Griff zum Fertigprodukt aus dem Glas. Als wichtige Zutat für Suppen und Saucen ist er jedoch wesentlich besser und feiner im Geschmack. Fischfond kann man eingekocht sehr gut in kleinen Portionen auf Vorrat einfrieren und hat so für die verschiedensten Rezepte immer dieses kleine Geschmackswunder parat.

1 kg Fischköpfe und Gräten (vom Fischhändler)

2 Schalotten

1 Stange Lauch

½ Fenchelknolle

1 Petersilienwurzel

1 Stange Bleichsellerie

50 g Butter

250 ml trockener Weißwein

2 l Wasser

1 Lorbeerblatt

3 Zweige Thymian

1 Teelöffel weiße Pfefferkörner

❶ Kiemen aus den Fischköpfen entfernen (sonst wird der Fond bitter): alle Fischteile in grobe Stücke zerteilen und gründlich abspülen.

❷ Das Gemüse waschen, putzen und grob schneiden. Butter in einem großen Topf aufschäumen und die gut abgetropften Fischstücke bei mittlerer Hitze kurz anbraten, ohne dass sie Farbe annehmen.

❸ Gemüse zufügen und kurz andünsten. Mit Wein ablöschen, das Wasser zugießen und die Gewürze zugeben. Bei milder Hitze langsam zum Kochen bringen und mehrmals den Schaum abnehmen.

❹ Fond 20–30 Minuten köcheln lassen und durch ein mit einem Tuch ausgelegtes Sieb abgießen.

Für 8 Personen, pro Portion ca. 70 kcal

Kräuter- und Gemüsesuppen

Es gibt wohl kaum ein Gemüse, aus dem sich keine schmackhafte Suppe zubereiten ließe. Von A wie Artischockensuppe (s. S. 62) bis Z wie Zwiebelsuppe (s. S. 52) reicht das vielfältige Angebot der Gemüsesuppen. Auch aus Kräutern, die zum Teil in Ihrem Garten oder auf ungedüngten Wiesen wachsen, lassen sich äußerst delikate Suppen zaubern. Versuchen Sie doch einmal eine Brunnenkresse- (s. S. 37) oder eine Sauerampfersuppe (s. S. 40).

Bärlauchsuppe

Im Frühling sprießt diese stark nach Knoblauch duftende Lauchart in unseren Wäldern, wo man ihn für diese würzige Suppe pflückt. Bärlauch kann man natürlich auch am Kräuterstand kaufen. Dazu passen gut in Butter geröstete Weißbrotwürfel.

120 g Bärlauch
750 ml Hühnerbrühe
2 kleine Zwiebeln
2 Esslöffel Butter
2 Esslöffel Speisestärke
100 g Crème fraîche
Salz
schwarzer Pfeffer aus der Mühle

❶ Bärlauch waschen, verlesen, trocken schleudern und in feine Streifen schneiden. Einige Streifen zum Dekorieren aufbewahren, den Rest mit 250 ml Hühnerbrühe 5 Minuten köcheln lassen. Im Sieb abtropfen lassen und Kochflüssigkeit wieder zur restlichen Brühe geben.

❷ Zwiebeln schälen, fein würfeln und in der aufgeschäumten Butter glasig werden lassen. Gedünstete Bärlauchstreifen zugeben und kurz mit anschwitzen.

❸ Restliche Brühe zugießen und die mit etwas kaltem Wasser glatt gerührte Speisestärke mit dem Schneebesen einrühren. Suppe 5 Minuten köcheln lassen.

❹ Crème fraîche unterrühren. Suppe mit Salz und Pfeffer abschmecken.

❺ Mit den übrigen Bärlauchstreifen bestreut servieren.

Für 4 Personen, pro Portion ca. 220 kcal

Bärlauchcremesuppe

Im Frühjahr sprießt der Bärlauch, wilder Knoblauch, mit dem sich wunderbar aromatische Gerichte zubereiten lassen. Seine langen, sichelförmigen Blätter finden sich zum Beispiel unter schattigen Bäumen oder an Bachläufen. Man bekommt ihn aber auch auf Wochenmärkten oder im Naturkostladen.

3 Frühlingszwiebeln
3 mittelgroße Kartoffeln
2 Esslöffel Butter
750 ml Gemüsebrühe
250 ml Sahne
50 g Bärlauch
Salz
frisch gemahlener Pfeffer

❶ Frühlingszwiebeln putzen, waschen und in feine Ringe schneiden. Kartoffeln schälen und achteln, Butter im Suppentopf schmelzen lassen, Zwiebeln und Kartoffeln 5 Minuten andünsten.

❷ Mit Gemüsebrühe aufgießen und 20–25 Minuten kochen lassen. Suppe fein pürieren, Sahne unterrühren und noch einmal aufkochen.

❸ Bärlauch waschen, fein hacken und unterrühren. Suppe mit Salz und frisch gemahlenem Pfeffer abschmecken.

Für 4 Personen, pro Portion ca. 240 kcal

Brennnesselsuppe

Junge Brennnesseln haben einen fein-säuerlichen Geschmack und sind reich an Vitaminen. Außerdem schonen sie die Haushaltskasse, da man sie selber sammeln muss. Brennnesseln kann man übrigens auch wie Spinat als Gemüse oder als Salat zubereiten.

8 Hand voll Brennnesseln
750 ml Rinderbrühe
2 Schalotten
1 Knoblauchzehe
2 Esslöffel Butter
2 Esslöffel Mehl
250 ml Milch
2 gekochte Kartoffeln
1 Esslöffel Öl
Salz
Pfeffer aus der Mühle
4 Esslöffel Sauerrahm

❶ Brennnesseln waschen, verlesen und mit der Brühe 7 Minuten köcheln lassen. In ein Sieb geben, Kochflüssigkeit aufbewahren.

❷ Schalotten und Knoblauch schälen, fein würfeln und in der aufgeschäumten Butter glasig werden lassen. Mehl darüber stauben, kurz anschwitzen und Milch langsam mit einem Schneebesen einrühren.

❸ Brennnesselsud zugeben und 15 Minuten köcheln lassen.

❹ Inzwischen Kartoffeln schälen und in kleine Würfel schneiden.
Im heißen Öl goldbraun braten.

❺ Brennnesseln in die Suppe geben und mit Mixstab pürieren. Mit Salz und Pfeffer abschmecken.

❻ Suppe in Schalen anrichten. Mit Sauerrahm und gebratenen Kartoffelwürfeln garniert servieren.

Für 4 Personen, pro Portion ca. 240 kcal

Brunnenkressesuppe

Brunnenkresse wächst wild in Bächen und an seichten Stellen von Teichen. Sie wird wegen ihres pikanten Geschmacks und des hohen Eisengehalts geschätzt. Man kann die Suppe auch mit Gartenkresse zubereiten. Mit pochierten Austern wird aus der Suppe eine extravagante Vorspeise.

❶ Brunnenkresse waschen, verlesen, trocken schleudern und grob hacken.

❷ Brühe und Milch in einem Topf erhitzen. Die mit wenig kaltem Wasser glatt gerührte Speisestärke mit dem Schneebesen einrühren. 5 Minuten köcheln lassen. Mit Zitronensaft, Salz und Pfeffer abschmecken.

❸ Sahne mit dem Eigelb verquirlen, hart gekochte Eier schälen und klein hacken.

❹ Suppe vom Herd nehmen und mit Eiersahne binden.

❺ Gehackte Kresse auf Teller verteilen, Suppe darüber geben und mit gehacktem Ei garniert servieren.

Für 4 Personen, pro Portion ca. 230 kcal

1 Bund Brunnenkresse

750 ml Rinderbrühe

250 ml Milch

2 gestrichene Esslöffel Speisestärke

Saft von ½ Zitrone

Salz

weißer Pfeffer aus der Mühle

100 ml Sahne

2 Eigelbe

2 hart gekochte Eier

Kerbelsuppe

Die Kerbel- oder Kräutlsuppe isst man in Bayern traditionell am Gründonnerstag. Sie sollte stets mit frischem Kerbel zubereitet werden und kann mit Sahne oder Crème fraîche verfeinert werden.

2 Frühlingszwiebeln
50 g Butter
2 Esslöffel Speisestärke
1 l Gemüsebrühe
1 großer Bund Kerbel
Salz
frisch gemahlener weißer Pfeffer
nach Belieben 100 ml Sahne oder 2 Esslöffel Crème fraîche

❶ Frühlingszwiebeln putzen und in feine Röllchen schneiden. Butter in einer großen Kasserolle zerlassen und Zwiebeln darin andünsten. Speisestärke darüber sieben und einige Minuten mit anbraten.

❷ Gemüsebrühe zugießen, mit dem Schneebesen verrühren und 30 Minuten köcheln lassen. Kerbel waschen, einige Zweige zum Garnieren beiseite legen. Restliche Blättchen von den Stielen zupfen und fein hacken.

❸ Kerbel zugeben und nach Belieben Sahne oder Crème fraîche unterziehen. Suppe warm halten, jedoch nicht mehr kochen!

❹ Mit Salz und Pfeffer abschmecken, auf Suppentassen verteilen und mit den Kerbelzweigen garnieren.

Für 4 Personen, pro Portion ca. 230 kcal

Kräutercremesuppe

Welche Kräuter für diese Suppe verwendet werden, kann man je nach dem Angebot auf dem Markt entscheiden – jedenfalls sollten es mindestens vier verschiedene Sorten sein, damit die Suppe richtig aromatisch schmeckt. Als Basis dient eine feine Hühnerbrühe, die abschließend mit Sahne verfeinert wird.

❶ Kräuter waschen, mit einem Küchentuch trockentupfen und Blätter von den Stielen zupfen. Mit einem Wiegemesser auf einem großen Brett fein hacken und mit Zitronensaft beträufeln.

❷ Frühlingszwiebeln putzen und in feine Röllchen schneiden. Butter zerlassen und Zwiebeln darin andünsten. Mit Speisestärke bestäuben und Hühnerbrühe zugießen, sorgfältig verrühren, damit keine Klümpchen entstehen.

❸ Weißwein und Sahne zugeben, einige Minuten köcheln lassen. Gehackte Kräuter zufügen und 5 Minuten ziehen lassen, jedoch nicht mehr kochen!

❹ Heiße Suppe mit Salz, Pfeffer und geriebener Muskatnuss würzen und mit in Butter gerösteten Brotwürfeln servieren.

Für 4 Personen, pro Portion ca. 180 kcal

Insgesamt 150 g frische Kräuter (z. B. Kerbel, Estragon, Petersilie, Schnittlauch, Sauerampfer, Dill, Brunnenkresse oder Zitronenmelisse)

1 Esslöffel Zitronensaft

3 Frühlingszwiebeln

1 Esslöffel Butter

1 Esslöffel Speisestärke

500 ml Hühnerbrühe

125 ml Weißwein

125 ml Sahne

Salz

frisch gemahlener Pfeffer

Muskatnuss

Sauerampfersuppe

Das wild wachsende Kraut mit seinem leicht säuerlichen Geschmack kann man im Frühjahr selbst pflücken oder beim Gemüsehändler das ganze Jahr über kaufen. Wenn man nur die halbe Flüssigkeitsmenge verwendet, eignet sich das Rezept auch sehr gut als Sauce zu Fisch.

250 g Sauerampfer
25 g Butter
100 ml trockener Weißwein
500 ml Kalbsfond (aus dem Glas)
2 gekochte Kartoffeln, geschält
100 g Crème fraîche
weißer Pfeffer aus der Mühle
Salz

❶ Sauerampfer waschen, verlesen, trocken schleudern und in feine Streifen schneiden.

❷ Butter in einem Topf schmelzen, zwei Drittel des Sauerampfers, Wein und Kalbsfond zugeben und 7 Minuten köcheln lassen. Die Kartoffeln würfeln, zugeben, Suppe pürieren und durch ein Sieb passieren.

❸ Crème fraîche in die Suppe rühren, mit Salz und Pfeffer abschmecken. Die Suppe nochmals kurz erwärmen und mit restlichen Sauerampferstreifen garnieren.

Für 4 Personen, pro Portion ca. 230 kcal

Spinatcremesuppe

Für eine köstliche Cremesuppe wie diese braucht man nur wenig Zutaten. Die Pinienkerne geben der Suppe den nötigen Pfiff. Das Lob der Gäste ist damit garantiert!

1 Esslöffel Butter
2 Schalotten
300 g frischer Spinat
750 ml Gemüsebrühe
1 große mehlig kochende Kartoffel
Muskatnuss
Salz
frisch gemahlener weißer Pfeffer
100 g Crème fraîche
50 g Pinienkerne

❶ Butter in einer großen Kasserolle erhitzen, Schalotten schälen und fein hacken, in der Butter glasig dünsten. Spinat waschen und zu den Schalotten geben. Andünsten, bis der Spinat leicht zusammenfällt.

❷ Gemüsebrühe zugießen, Kartoffel schälen und in kleine Würfel schneiden, ebenfalls zu der Brühe geben und 10–15 Minuten bei geschlossenem Deckel köcheln lassen, bis die Kartoffeln weich sind.

❸ Suppe pürieren und mit geriebener Muskatnuss, Salz und Pfeffer würzen. Crème fraîche bei schwacher Hitze unter die Suppe ziehen, diese jedoch nicht mehr kochen lassen.

❹ Suppe auf Schälchen verteilen, Pinienkerne hacken und darüber streuen. Mit frischem Weißbrot servieren.

Für 4 Personen, pro Portion ca. 250 kcal

Lauchsuppe mit Safran

Diese Suppe vereint zwei interessante Aromen miteinander und sieht durch das leuchtende Orange-Gelb des Safrans auch sehr apart aus. Für ein festliches Menü passen auch ein oder zwei Scampischwänze pro Portion sehr gut zu dieser Suppe.

❶ Nur die weißen und hellgrünen Teile des Lauchs putzen, waschen und in dünne Ringe schneiden. Kartoffeln schälen und in kleine Würfel schneiden.

❷ Ein Drittel der Lauchringe kurz in kochendem Salzwasser bissfest blanchieren und sofort in Eiswasser abschrecken. In einem Sieb abtropfen lassen. Die Knoblauchzehe schälen und zerdrücken.

❸ Öl in einem Topf erhitzen und restlichen Lauch mit Kartoffeln und Knoblauch darin kurz anbraten, aber nicht braun werden lassen. Mit der Brühe auffüllen und ca. 20 Minuten köcheln lassen.

❹ Inzwischen Butter in einem kleinen Topf aufschäumen, die blanchierten Lauchsteifen und die Safranfäden zufügen und mit 4 Esslöffeln Wasser ablöschen.

❺ Suppe pürieren, Crème fraîche unterziehen und mit Salz, Pfeffer und frisch geriebener Muskatnuss würzen.

❻ Suppe in vorgewärmte Teller füllen, mit Lauchringen garnieren und der Safransauce eine Spirale in die Suppe ziehen.

Für 4 Personen, pro Portion ca. 240 kcal

2 große Stangen Lauch

250 g mehlig kochende Kartoffeln

Salz

1 Knoblauchzehe

2 Esslöffel Öl

750 ml Rinderbrühe

30 g Butter

½ Teelöffel Safranfäden

2 Esslöffel Crème fraîche

Salz

weißer Pfeffer aus der Mühle

Muskatnuss

Erbsensuppe

Mit einer Erbsensuppe verbinden sicher viele Menschen Winterkälte und Skivergnügen. Diese gehaltvolle Suppe ist auch eher für die kalte Jahreszeit geeignet. Im leichteren Kleid erscheint sie, wenn man Speck und Kartoffeln weglässt und die pürierte Suppe mit Sahne und frischer Minze verfeinert.

200 g getrocknete Erbsen
1 Zwiebel
1 Möhre
1 Petersilienwurzel
1 Stange Lauch
2 mehlig kochende Kartoffeln
2 Esslöffel Öl
2 l Brühe
200 g geräucherten Bauchspeck am Stück
1 Lorbeerblatt
Salz
weißer Pfeffer aus der Mühle
1 Prise gemahlener Piment
2 Esslöffel gehackte Petersilie

❶ Erbsen am besten über Nacht in 1 l kaltem Wasser einweichen. Gemüse putzen, Lauch waschen und in Ringe, alles andere in kleine Würfel schneiden.

❷ Öl in einem Topf erhitzen und Gemüse darin andünsten. Erbsen abseihen, zugeben und mit der Brühe auffüllen. Speck und Lorbeer zufügen und alles ca. 2 Stunden leise köcheln lassen.

❸ Speck aus der Suppe nehmen, von der Schwarte befreien, in Würfel schneiden und wieder in die Suppe geben.

❹ Suppe mit Salz, Pfeffer und Piment abschmecken und mit Petersilie bestreut servieren.

Für 4 Personen, pro Portion ca. 340 kcal

Möhrencremesuppe

Fein-mild und leicht süßlich im Geschmack ist die Möhrencremesuppe mit Kartoffeln ein wahrer Gaumenschmeichler. Perfekt entfaltet sich das Aroma der Cremesuppe, wenn man sie mit etwas Crème fraîche abrundet.

2 Esslöffel Butter
2 Schalotten
500 g Möhren
200 g mehlig kochende Kartoffeln
750 ml Gemüsebrühe
250 ml Milch
125 ml Crème fraîche
Salz
frisch gemahlener weißer Pfeffer
Muskatnuss
Saft von 1 Orange
1 Bund glatte Petersilie
geröstete Weißbrotwürfel

❶ Butter in einem großen Suppentopf zerlassen, Schalotten schälen und fein hacken, glasig dünsten.

❷ Möhren und Kartoffeln schälen, würfeln, zu den Schalotten geben und andünsten. Mit Gemüsebrühe und Milch aufgießen, ca. 20 Minuten bei geschlossenem Deckel und schwacher Hitze köcheln lassen.

❸ Suppe vom Herd nehmen, pürieren und Crème fraîche unterziehen. Sollte die Suppe zu dickflüssig sein, etwas Milch zugeben und noch einmal kurz aufkochen. Möhrensuppe mit Salz, Pfeffer, etwas geriebener Muskatnuss und dem Orangensaft abschmecken.

❹ Petersilie waschen, Blättchen von den Stielen zupfen und fein hacken. Suppe auf Teller verteilen, Petersilie darüber streuen und mit in Butter gerösteten Weißbrotwürfeln servieren.

Für 4 Personen, pro Portion ca. 270 kcal

Grüne Spargelcremesuppe

Mit wenigen Zutaten entsteht eine feine Cremesuppe. In der Spargelsaison ist sie die Krönung jeden Menüs. Grüner Spargel spielt dabei die Hauptrolle und viel frische Petersilie ist unerlässlich zum Abrunden der Suppe.

1 kg frischer grüner Spargel
Salz
1 Teelöffel Zucker
1 Teelöffel Butter
2 Esslöffel Speisestärke
200 ml Sahne
frisch gemahlener weißer Pfeffer
Schale und Saft von 1 unbehandelten Zitrone
1 Bund Petersilie

❶ Grünen Spargel waschen, holzige Enden abschneiden. Spargel nur in der unteren Hälfte schälen, in Stücke schneiden.

❷ In einem großen Topf 1 l Salzwasser mit 1 Teelöffel Zucker und 1 Teelöffel Butter aufkochen, Spargelstücke hineingeben und 15–20 Minuten garen lassen.

❸ Topf vom Herd nehmen, Suppe pürieren. Speisestärke mit etwas Sahne verrühren und mit einem Schneebesen unter die Suppe rühren. Nochmals aufkochen lassen.

❹ Restliche Sahne einrühren, Suppe mit Salz, Pfeffer sowie Zitronensaft und -schale würzen. Petersilie waschen, Blättchen fein hacken und über die Suppe streuen.

Für 4 Personen, pro Portion ca. 190 kcal

Möhrencremesuppe

Fein-mild und leicht süßlich im Geschmack ist die Möhrencremesuppe mit Kartoffeln ein wahrer Gaumenschmeichler. Perfekt entfaltet sich das Aroma der Cremesuppe, wenn man sie mit etwas Crème fraîche abrundet.

❶ Butter in einem großen Suppentopf zerlassen, Schalotten schälen und fein hacken, glasig dünsten.

❷ Möhren und Kartoffeln schälen, würfeln, zu den Schalotten geben und andünsten. Mit Gemüsebrühe und Milch aufgießen, ca. 20 Minuten bei geschlossenem Deckel und schwacher Hitze köcheln lassen.

❸ Suppe vom Herd nehmen, pürieren und Crème fraîche unterziehen. Sollte die Suppe zu dickflüssig sein, etwas Milch zugeben und noch einmal kurz aufkochen. Möhrensuppe mit Salz, Pfeffer, etwas geriebener Muskatnuss und dem Orangensaft abschmecken.

❹ Petersilie waschen, Blättchen von den Stielen zupfen und fein hacken. Suppe auf Teller verteilen, Petersilie darüber streuen und mit in Butter gerösteten Weißbrotwürfeln servieren.

Für 4 Personen, pro Portion ca. 270 kcal

2 Esslöffel Butter
2 Schalotten
500 g Möhren
200 g mehlig kochende Kartoffeln
750 ml Gemüsebrühe
250 ml Milch
125 ml Crème fraîche
Salz
frisch gemahlener weißer Pfeffer
Muskatnuss
Saft von 1 Orange
1 Bund glatte Petersilie
geröstete Weißbrotwürfel

Grüne Spargelcremesuppe

Mit wenigen Zutaten entsteht eine feine Cremesuppe. In der Spargelsaison ist sie die Krönung jeden Menüs. Grüner Spargel spielt dabei die Hauptrolle und viel frische Petersilie ist unerlässlich zum Abrunden der Suppe.

1 kg frischer grüner Spargel

Salz

1 Teelöffel Zucker

1 Teelöffel Butter

2 Esslöffel Speisestärke

200 ml Sahne

frisch gemahlener weißer Pfeffer

Schale und Saft von 1 unbehandelten Zitrone

1 Bund Petersilie

❶ Grünen Spargel waschen, holzige Enden abschneiden. Spargel nur in der unteren Hälfte schälen, in Stücke schneiden.

❷ In einem großen Topf 1 l Salzwasser mit 1 Teelöffel Zucker und 1 Teelöffel Butter aufkochen, Spargelstücke hineingeben und 15–20 Minuten garen lassen.

❸ Topf vom Herd nehmen, Suppe pürieren. Speisestärke mit etwas Sahne verrühren und mit einem Schneebesen unter die Suppe rühren. Nochmals aufkochen lassen.

❹ Restliche Sahne einrühren, Suppe mit Salz, Pfeffer sowie Zitronensaft und -schale würzen. Petersilie waschen, Blättchen fein hacken und über die Suppe streuen.

Für 4 Personen, pro Portion ca. 190 kcal

Linsensuppe

Die Linsensuppe kann als Hauptgang gereicht werden, wenn man sie mit heißen Würstchen und kräftigem Schwarzbrot serviert. Getrocknete Linsen müssen über Nacht eingeweicht werden und brauchen ca. 1 Stunde Kochzeit, bis sie gar sind. Verwendet man Linsen aus der Dose, verkürzt sich die Garzeit auf 10 Minuten.

❶ Linsen waschen und über Nacht in 1 l kaltem Wasser einweichen. Zwiebel und Knoblauchzehe schälen und fein hacken. Lauch gründlich waschen, putzen und in feine Ringe schneiden. Kartoffeln schälen und würfeln.

❷ Gemüse und Kartoffeln zu den Linsen geben und in der Einweichflüssigkeit langsam erhitzen, mit geschlossenem Deckel ca. 1 Stunde bei schwacher Hitze kochen. Sollte die Suppe zu dickflüssig werden, noch etwas Wasser zugeben.

❸ Mit Salz, Pfeffer und Majoran kräftig abschmecken, Frankfurter Würstchen in den Topf geben und bei geschlossenem Deckel 10 Minuten dämpfen. Suppe auf vier große Teller verteilen, je ein Würstchen darauf legen und sofort servieren.

Für 4 Personen, pro Portion ca. 200 kcal

250 g Linsen
1 Zwiebel
1 Knoblauchzehe
1 Stange Lauch
250 g Kartoffeln
Salz
frisch gemahlener Pfeffer
1 Teelöffel getrockneter Majoran
2 Paar Frankfurter Würstchen

Kürbissuppe

Von riesengroß bis handlich klein leuchten uns die Kürbisse im Herbst auf den Märkten entgegen. Am aromatischsten schmecken die Muskatkürbisse oder die kleinen Hokaidos. Dieses abwechslungsreiche und den ganzen Winter haltbare Gemüse erscheint hier als eine süße Suppe, die auch Kindern gut schmeckt.

500 g Kürbis
500 ml Milch
40 g Milchreis
50 g geriebene Mandeln
Salz
2 Esslöffel Rosenwasser
Zimt
Zucker
4 Esslöffel Sauerrahm

❶ Kürbis schälen, Kerne ausschaben und Fruchtfleisch würfeln.
Mit 250 ml Wasser ca. 30 Minuten weich kochen und mit dem Mixstab pürieren.

❷ Milch erhitzen. Reis zugeben und bei geringer Hitze ausquellen lassen.

❸ Mandeln unterrühren. Suppe mit Salz und Rosenwasser abschmecken.
Mit Zimt und Zucker und einem Klecks Sauerrahm servieren.

Für 4 Personen, pro Portion ca. 240 kcal

Zwiebelsuppe

Die berühmteste Variante der Zwiebelsuppe stammt aus den Pariser Bistros und wärmt Herz und Magen. Angeblich hat sie auch schon so manchem über einen Kater hinweggeholfen und heißt in ihrer Heimat deshalb auch »Säufersuppe«. Wenn Sie gleich eine größere Menge davon einfrieren, ist das Überbacken im Ofen nur noch eine Sache von Minuten.

500 g Zwiebeln
12 Knoblauchzehen
40 g Butterschmalz
1 Esslöffel Zucker
1 Zweig Thymian
200 ml trockener Weißwein
750 ml Rinderbrühe
8 Scheiben Baguette
Salz
Pfeffer aus der Mühle
120 g geriebener Hartkäse

❶ Zwiebeln und Knoblauch schälen. Zwiebeln in Ringe schneiden, Knoblauch zerdrücken. Beides in heißem Butterschmalz ca. 5 Minuten unter Rühren dünsten, ohne dass sie Farbe annehmen. Zucker und Thymianzweig zufügen. Mit Wein und Brühe ablöschen.

❷ Bei milder Hitze ca. 20 Minuten köcheln lassen. Inzwischen die Baguettescheiben im Ofen hellbraun backen. Suppe mit Salz und Pfeffer abschmecken, den Thymianzweig entfernen.

❸ Feuerfeste Suppentassen nicht ganz mit der Suppe füllen, je zwei Scheiben Baguette darauf geben und mit Käse bestreuen.

❹ Auf oberer Schiene des Ofens kurz übergrillen oder bei 200 °C goldgelb überbacken.

Für 4 Personen, pro Portion ca. 410 kcal

Paprikasuppe

Reife Paprikaschoten geben dieser Suppe ein fruchtiges Aroma. Oregano und Knoblauch sowie frisch gemahlener bunter Pfeffer runden den Geschmack der roten Cremesuppe ab.

5 rote Paprikaschoten
1 rote scharfe Chilischote
1 Esslöffel Olivenöl
2 Knoblauchzehen
2 Zwiebeln
5 Tomaten
1 l Gemüsebrühe
Salz
grob gemahlener bunter Pfeffer
frischer Oregano

❶ Paprikaschoten vierteln, von Kernen und weißen Trennwänden befreien, mit der Haut nach oben auf den Backofenrost legen. Bei 200 °C ca. 10–15 Minuten grillen, bis die Haut Blasen wirft. Paprikaschoten herausnehmen, in einen Plastikbeutel geben und verschließen. 5 Minuten darin liegen lassen, herausnehmen und Haut abziehen.

❷ Chilischote waschen und in feine Ringe schneiden. Olivenöl erhitzen und Pfefferschote andünsten. Knoblauchzehen und Zwiebeln schälen, fein hacken, zur Pfefferschote geben und im Olivenöl glasig dünsten.

❸ Tomaten mit kochendem Wasser überbrühen und Haut abziehen. Fruchtfleisch zerkleinern und zu den Zwiebeln geben. Tomaten ca. 5 Minuten köcheln lassen, bis sie weich sind, zu den Paprikaschoten geben und fein pürieren.

❹ Tomaten-Paprikamus in einen großen Topf geben, mit Gemüsebrühe aufgießen und ca. 5 Minuten köcheln lassen. Mit Salz und buntem Pfeffer würzen. Mit fein gehacketem Oregano pikant abschmecken. Frisches Weißbrot dazu reichen.

Für 4 Personen, pro Portion ca. 70 kcal

Paprikasuppe

Reife Paprikaschoten geben dieser Suppe ein fruchtiges Aroma. Oregano und Knoblauch sowie frisch gemahlener bunter Pfeffer runden den Geschmack der roten Cremesuppe ab.

5 rote Paprikaschoten
1 rote scharfe Chilischote
1 Esslöffel Olivenöl
2 Knoblauchzehen
2 Zwiebeln
5 Tomaten
1 l Gemüsebrühe
Salz
grob gemahlener bunter Pfeffer
frischer Oregano

❶ Paprikaschoten vierteln, von Kernen und weißen Trennwänden befreien, mit der Haut nach oben auf den Backofenrost legen. Bei 200 °C ca. 10–15 Minuten grillen, bis die Haut Blasen wirft. Paprikaschoten herausnehmen, in einen Plastikbeutel geben und verschließen. 5 Minuten darin liegen lassen, herausnehmen und Haut abziehen.

❷ Chilischote waschen und in feine Ringe schneiden. Olivenöl erhitzen und Pfefferschote andünsten. Knoblauchzehen und Zwiebeln schälen, fein hacken, zur Pfefferschote geben und im Olivenöl glasig dünsten.

❸ Tomaten mit kochendem Wasser überbrühen und Haut abziehen. Fruchtfleisch zerkleinern und zu den Zwiebeln geben. Tomaten ca. 5 Minuten köcheln lassen, bis sie weich sind, zu den Paprikaschoten geben und fein pürieren.

❹ Tomaten-Paprikamus in einen großen Topf geben, mit Gemüsebrühe aufgießen und ca. 5 Minuten köcheln lassen. Mit Salz und buntem Pfeffer würzen. Mit fein gehacketem Oregano pikant abschmecken. Frisches Weißbrot dazu reichen.

Für 4 Personen, pro Portion ca. 70 kcal

Weißkohlsuppe

Weißkohl und Kartoffeln ergeben eine kräftige Suppe, die mit geräucherter Wurst angereichert einem Eintopf ähnlich wird. Für die Zubereitung und Kochzeit sollte man genügend Zeit – etwa eineinhalb Stunden – einrechnen, da der Kohl langsam schmoren muss.

1 kg Weißkohl
500 g Kartoffeln
1 Kohlrabi
1 Zwiebel
1 Esslöffel Butter
2 l Fleischbrühe
Salz
frisch gemahlener Pfeffer
2 Paar geräucherte Bratwürste

❶ Weißkohl achteln, waschen, Strunk und äußere Blätter entfernen. Noch ein- bis zweimal der Länge nach zerteilen. Kartoffeln und Kohlrabi schälen und in ca. 3 cm große Würfel schneiden.

❷ Zwiebel schälen und sehr fein hacken. Butter in einem großen Topf zerlassen und Zwiebeln darin goldgelb braten. Kartoffeln, Weißkohl und Kohlrabi zugeben und mit Fleischbrühe aufgießen. Gemüse mit geschlossenem Deckel ca. 1½ Stunden bei schwacher Hitze köcheln lassen.

❸ Mit Salz und Pfeffer abschmecken, geräucherte Bratwürste in Scheiben schneiden, zur Suppe geben und 10 Minuten kochen. Suppe mit Wurst auf große Teller verteilen und kräftiges Landbrot dazu reichen.

Für 4 Personen, pro Portion ca. 320 kcal

Schwarzwurzelsuppe

Das feine Wurzelgemüse hat einen spargelähnlichen Geschmack und ist sehr eiweißreich. Am besten schält man Schwarzwurzeln unter fließendem Wasser, da sie eine klebrige Substanz absondern.

100 ml Essig
500 g Schwarzwurzeln
2 Schalotten
2 Esslöffel Öl
750 ml Rinderbrühe
125 ml Sahne
3 Eigelbe
1 Esslöffel Butter
Salz
weißer Pfeffer aus der Mühle
2 Esslöffel Schnittlauchröllchen

❶ Essig in einer Schüssel mit 1 l kaltem Wasser mischen. Schwarzwurzeln schälen und sofort in das Essigwasser legen, damit sie sich nicht verfärben.

❷ Schalotten schälen und fein hacken, die Hälfte der Schwarzwurzeln in Scheiben schneiden. Öl in einem Topf erhitzen und Schalotten darin glasig dünsten. Schwarzwurzeln zugeben und kurz anschwitzen.

❸ Mit Brühe aufgießen und ca. 15 Minuten köcheln lassen, bis die Schwarzwurzeln weich sind. Mit Mixstab pürieren. Sahne und Eigelb verquirlen.

❹ Inzwischen restliche Schwarzwurzeln in 3 cm lange Stücke schneiden und in aufgeschäumter Butter in einer kleinen Pfanne golden anrösten.

❺ Suppe vom Herd nehmen und mit Eiersahne binden – nicht mehr kochen lassen. Mit Salz und Pfeffer abschmecken.

❻ Suppe in Tellern anrichten und mit gebratenen Schwarzwurzelstücken und Schnittlauchröllchen garnieren.

Für 4 Personen, pro Portion ca. 270 kcal

Artischockensuppe

Zu einem italienischen Menü passt eine Artischockensuppe hervorragend. Sollten keine frischen Artischocken dafür verfügbar sein, lassen sich auch eingelegte verwenden – dadurch reduziert sich die Kochzeit um 10 Minuten.

10 Artischockenherzen (eingelegt)
2 Zwiebeln
40 g Butter
Saft von ½ Zitrone
1 l Gemüsebrühe
Salz
frisch gemahlener Pfeffer
250 ml Sahne
4 Artischockenböden (eingelegt)
50 g Schrimps
geriebener Parmesan
50 g Kerbel

❶ Artischockenherzen waschen, harte Spitzen abschneiden. Zwiebeln schälen, vierteln; in einem Suppentopf Butter zerlassen und Zwiebeln darin glasig dünsten.

❷ Artischockenherzen zugeben, Zitronensaft darüber träufeln und ca. 5 Minuten andünsten. Gemüsebrühe zugießen und Suppe 20 Minuten köcheln lassen. Topf vom Herd nehmen, Suppe mit dem Mixstab pürieren und durch ein feines Sieb streichen.

❸ Artischockensuppe salzen und pfeffern, Sahne zugeben und noch einmal kurz aufkochen lassen.

❹ Artischockenböden mit Schrimps belegen, mit Parmesan bestreuen und kurz im Ofen überbacken. Suppe auf Teller verteilen, mit je einem Artischockenboden garnieren. Kerbel waschen, Blättchen fein hacken und über die Suppe streuen.

Für 4 Personen, pro Portion ca. 320 kcal

Rhabarbersuppe

Der säuerlich-fruchtige Geschmack des Rhabarbers ergibt eine erfrischende Suppe, die warm oder kalt gegessen werden kann. Dazu reicht man Zwieback oder geröstetes Weißbrot, das sich gut eintunken lässt.

500 g Rhabarber
120 g Zucker
3 Esslöffel Himbeersirup
Saft und Schale von ½ unbehandelten Zitrone
2 Esslöffel Speisestärke
50 g Haselnüsse
Zwieback

❶ Rhabarber waschen, abziehen und in ca. 2 cm lange Stücke schneiden. 1 l Wasser in einer großen Kasserolle erhitzen, Rhabarber, Zucker, Himbeersirup, Zitronensaft und -schale zugeben.

❷ 15 Minuten dünsten, bis der Rhabarber weich ist. Speisestärke mit 2 Esslöffel kaltem Wasser anrühren, mit dem Schneebesen in die heiße Suppe einrühren und kurz aufkochen lassen, bis die Suppe eindickt.

❸ Auf flache Schalen verteilen, Haselnüsse grob hacken und darüber streuen, mit Zwieback servieren.

Für 4 Personen, pro Portion ca. 260 kcal

Grüne Frühlingssuppe

Als leichte Vorspeise dient diese Spinatsuppe, bei der die Blätter nicht wie meist üblich püriert werden, sondern nur kurz in der klaren Brühe garen. Am besten geeignet sind dafür die zarten, kleinen Blätter des Sommerspinats.

1 Knoblauchzehe
500 ml Rinderbrühe
100 g luftgetrockneter Schinken
100 g frischer Blattspinat
Salz
frisch gemahlener bunter Pfeffer
einige Blätter frischer Bärlauch

❶ Knoblauchzehe halbieren und den Suppentopf mit der Knoblauchzehe ausreiben. Rinderbrühe darin erhitzen.

❷ Schinken in feine Streifen schneiden und beiseite stellen. Spinat waschen und Blätter von den Stielen zupfen, in die Brühe geben und einige Minuten bei schwacher Hitze ziehen lassen. Mit Salz und Pfeffer würzen.

❸ Bärlauch waschen und fein hacken. Suppe auf Suppentassen verteilen, Schinkenstreifen und Bärlauch darüber geben und frisches Baguette dazu reichen.

Für 4 Personen, pro Portion ca. 130 kcal

Mediterrane Gemüsesuppe

Mit den typischen Zutaten aus der südländischen Küche ist diese Suppe ein perfektes Sommeressen. Sie sollte gut gekühlt serviert werden. Man reicht dazu knuspriges Baguette und einen trockenen Weißwein – am besten gleich den, mit dem man auch die Suppe gekocht hat.

5 Zwiebeln
4 Esslöffel Olivenöl
50 g Pinienkerne
1 Teelöffel grobes Meersalz
einige Blätter frisches Basilikum
3 Knoblauchzehen
250 g Zucchini
250 g Auberginen
1 große rote Paprikaschote
250 g Tomaten
1 Lorbeerblatt
15 Pfefferkörner
2 frische Zweige Thymian
2 frische Zweige Rosmarin
2 frische Zweige Oregano
(alternativ zu den frischen Kräutern: 1 Esslöffel getrocknete Provence-Kräuter)
250 ml Weißwein
Salz
frisch gemahlener Pfeffer

❶ Zwiebeln schälen und fein hacken. Olivenöl in einer großen Kasserolle erhitzen und Zwiebeln darin glasig dünsten. Pinienkerne, Meersalz, Basilikumblätter und geschälten Knoblauch in einem Mörser zerstoßen und zu den Zwiebeln geben.

❷ Zucchini, Auberginen, Paprikaschote und Tomaten waschen, putzen und in ca. 2 cm große Stücke schneiden. Gemüse in den Topf geben und kurz andünsten.

❸ Gewürze und Kräuter in ein Baumwollsäckchen (oder in ein Teesieb) geben und in den Topf zum Gemüse legen. Weißwein zugießen und bei geschlossenem Deckel 20 Minuten lang köcheln lassen.

❹ Gewürzbeutel entfernen, Suppe pürieren und anschließend durch ein feines Sieb passieren. Noch einmal mit Salz und frisch gemahlenem Pfeffer abschmecken und 2 Stunden kühl stellen.

Für 4 Personen, pro Portion ca. 280 kcal

Kalte Zucchinisuppe

Eine leichte Sommersuppe mit fein-würzigem Geschmack ist diese Zucchinisuppe, die kalt gegessen wird. Jogurt macht die Kaltschale erfrischend und bekömmlich. Aromatischer Dill und Kerbel unterstützen die eher milden Zucchini im Geschmack.

2 Esslöffel Olivenöl
2 Frühlingszwiebeln
2 Knoblauchzehen
1 Teelöffel grobes Meersalz
2 Stangen Bleichsellerie
3 Zucchini
1 Esslöffel Zitronensaft
500 ml Gemüsebrühe
500 ml Magerjogurt
250 g Sauerrahm
½ Bund Dill
½ Bund Kerbel
frisch gemahlener bunter Pfeffer
Salz
1 Prise Zucker
50 g Sonnenblumenkerne

❶ Olivenöl in einer großen Kasserolle erhitzen, Frühlingszwiebeln waschen, putzen und in feine Stücke schneiden, im Öl andünsten.

❷ Knoblauchzehen schälen, vierteln, zusammen mit dem Meersalz in einen Mörser geben und zerreiben. Zu den Frühlingszwiebeln geben und andünsten, jedoch nicht braun werden lassen.

❸ Bleichsellerie waschen und in feine Röllchen schneiden, Zucchini putzen, waschen und in ca. 1 cm dicke Stifte schneiden, mit dem Sellerie in die Kasserolle geben, Zitronensaft darüber träufeln und ca. 3 Minuten dünsten.

❹ Gemüsebrühe zugießen und die Suppe ca. 5 Minuten bei schwacher Hitze und mit geschlossenem Deckel köcheln lassen. Suppe vom Herd nehmen, Magerjogurt und Sauerrahm unterrühren.

❺ Dill und Kerbel waschen, Blättchen von den Stielen zupfen, fein hacken und unter die Suppe rühren. Mit Pfeffer und einer Prise Zucker abschmecken und 1 Stunde kühl stellen.

❻ Sonnenblumenkerne in einer Pfanne ohne Fett unter Rühren kurz anrösten. Suppe auf Teller verteilen, mit gerösteten Sonnenblumenkernen bestreuen und mit Knoblauchbaguette servieren.

Für 4 Personen, pro Portion ca. 290 kcal

Kalte Gurkensuppe

Ideal für heiße Sommertage ist diese erfrischende Gurkensuppe, die gut gekühlt serviert wird. Als Einlage dienen Schrimps, die der Suppe zusammen mit Kräutern einen delikaten Geschmack verleihen.

❶ Petersilie und Dill waschen, Blättchen von den Stielen zupfen und fein hacken. Schrimps in eine Schale geben, mit Zitronensaft und den Kräutern mischen. 3 Stunden kühl stellen.

❷ Gurke waschen und schälen, mit einem Kugelausstecher 16 Bällchen aus der Gurke schneiden und ebenfalls kühlen. Restliche Gurke zerteilen, Kerne entfernen und mit einem sauberen Küchentuch trocken tupfen. Gurke in kleine Würfel schneiden.

❸ Zwiebeln schälen und sehr fein hacken, Gemüsebrühe und Weißwein erhitzen, Gurkenstückchen und Zwiebeln zugeben und ca. 15 Minuten köcheln, bis das Gemüse weich ist, pürieren und durch ein feines Sieb streichen.

❹ Crème fraîche unter die Suppe rühren und mit Salz und Pfeffer abschmecken. Suppe 1 Stunde kühl stellen, dann auf vier kleine Suppentassen verteilen, Kräuter-Schrimps zugeben und Gurkenbällchen einlegen.

Für 4 Personen, pro Portion ca. 90 kcal

½ Bund Petersilie
½ Bund Dill
100 g Schrimps
1 Esslöffel Zitronensaft
1 große Salatgurke
2 kleine Zwiebeln
500 ml Gemüsebrühe
125 ml trockener Weißwein
2 Esslöffel Crème fraîche
Salz
frisch gemahlener weißer Pfeffer

Kalte sommerliche Gemüsesuppe

An heißen Sommertagen ist diese pürierte Gemüsesuppe eine köstliche Erfischung, die auch in unseren Breiten Urlaubserinnerungen an die Provence weckt. Sie können zu der Suppe auch klein gewürfeltes rohes Gemüse und geröstete Brotwürfel servieren.

5 Schalotten
3 Knoblauchzehen
2 kleine Zucchini
1 Aubergine
1 rote Paprikaschote
2 Tomaten
5 Esslöffel Olivenöl
1 Lorbeerblatt
2 Zweige Thymian
1 Zweig Rosmarin
250 ml trockener Weißwein
250 ml Gemüsebrühe
Salz
Pfeffer aus der Mühle
1 Bund Basilikum

❶ Schalotten schälen und fein würfeln. Die Knoblauchzehen schälen und zerdrücken. Gemüse putzen, waschen und in kleine Stücke schneiden. Zum Garnieren ein Drittel der Zutaten in Öl kurz anbraten und zur Seite stellen.

❷ Olivenöl in einem Topf erhitzen, Schalotten und Knoblauch darin glasig werden lassen. Gemüsestücke dazugeben und leicht bräunen.

❸ Gewürze bis auf das Basilikum zugeben und mit Wein und Brühe ablöschen. Ca. 20 Minuten leise köcheln lassen.

❹ Kräuter entfernen, Suppe pürieren und durch ein Sieb passieren. Suppe vor dem Servieren kühl stellen, Basilikum waschen und die Blättchen in Streifen schneiden. Die gut gekühlte Suppe mit den Kräutern und den Gemüsewürfeln garnieren.

Für 4 Personen, pro Portion ca. 220 kcal

Steinpilz-Tortellini-Suppe

Frische Steinpilze geben der Suppe ein herrliches Aroma. Falls keine frischen verfügbar sind, lassen sich auch gut getrocknete Pilze verwenden; diese sollten dann zwei Stunden vorher in kaltem Wasser eingeweicht werden.

4 kleine feste Steinpilze

2 Schalotten

1 Esslöffel Butter

1 l Rinderbrühe

150 g frische Tortellini, mit Käse gefüllt

1 Bund Kerbel

❶ Steinpilze putzen und in feine Scheiben schneiden. Scheibchen in möglichst kleine Würfel schneiden. Schalotten schälen und fein hacken.

❷ Butter in einer großen Kasserolle zerlassen, Schalotten darin glasig braten, Steinpilze zugeben und andünsten.

❸ Rinderbrühe zugießen, ca. 2 Minuten köcheln lassen. Tortellini zugeben und in der Brühe ca. 5 Minuten garen; sie sollten noch bissfest sein. Kerbel waschen und fein hacken, in die heiße Suppe geben. In großen Tellern servieren.

Für 4 Personen, pro Portion ca. 150 kcal

Champignoncremesuppe

Für die milde, cremige Pilzsuppe sollte man unbedingt frische Champignons verwenden. Viel frische Petersilie, etwas Weißwein und Sahne machen daraus einen Gaumenschmeichler.

3 Frühlingszwiebeln
2 Esslöffel Butter
250 g frische Champignons
3 Esslöffel Mehl
125 ml Milch
500 ml Gemüsebrühe
125 ml Weißwein
125 ml Sahne
Salz
frisch gemahlener weißer Pfeffer
Muskatnuss
1 Bund Petersilie
geröstete Brotwürfel

❶ Frühlingszwiebeln putzen, waschen und in feine Ringe schneiden, Butter in einer großen Kasserolle zerlassen und Zwiebeln darin andünsten.

❷ Champignons mit einem Küchentuch abreiben, in dünne Scheiben schneiden und ebenfalls kurz andünsten. Mehl darüber stäuben und verrühren, nach ca. 2 Minuten mit der kalten Milch aufgießen und sorgfältig verrühren, damit keine Klümpchen entstehen.

❸ Gemüsebrühe und Weißwein zugießen, 15 Minuten köcheln lassen, Suppe pürieren. Sahne zugeben, Suppe noch einmal kurz aufkochen, vom Herd nehmen und dann mit Salz, Pfeffer und etwas geriebener Muskatnuss würzen.

❹ Petersilie waschen und mit dem Wiegemesser fein hacken. Suppe in Schalen füllen, Petersilie darüber streuen und mit gerösten Brotwürfeln servieren.

Für 4 Personen, pro Portion ca. 200 kcal

Fisch-, Geflügel- und Fleischsuppen

Neben Fleisch eignen sich auch fast alle Geflügelsorten als Suppengrundlage. Zaubern Sie für Ihre Gäste zur Abwechslung eine klare Entenbouillon (s. S. 87) oder eine Taubensuppe (s. S. 86). Auch Fischsuppen, wie beispielsweise die Forellensuppe (s. S. 75), sind immer wieder eine Gaumenfreude. Zu besonderen Anlässen können Sie auch eine Austern- (s. S. 81) oder eine Englische Hummersuppe (s. S. 79) servieren.

Hamburger Aalsuppe

Diese traditionsreiche Suppe gibt es in verschiedenen Varianten, hier wird sie mit frischem Aal zubereitet. Aber auch mit geräucherter Aal schmeckt sie gut. Man kann die Brühe mit einer braunen Mehlschwitze oder mit zwei Eigelben binden, bevor man sie über die Zutaten gießt. Als weitere Einlage werden gerne auch Grieß- oder Schwemmklöße mit in die Suppe gegeben.

500 g frischer Aal

Salz

2 Möhren

¼ Knollensellerie

1 Stange Lauch

1 Petersilienwurzel

1 l Rinderbrühe

100 g grüne Erbsen

2 Esslöffel gemischte Kräuter (Petersilie, Basilikum, Thymian, Majoran)

200 g gedörrte Birnen

200 g gedörrte Pflaumen

250 ml Weißwein

Schale von 1 unbehandelten Zitrone

1 Esslöffel Zucker

250 ml Weinessig

1 kleine Zwiebel, geschält und halbiert

2 Nelken

1 Teelöffel schwarze Pfefferkörner

❶ Aal abziehen, säubern, in 5 cm lange Stücke schneiden und einsalzen. Zugedeckt beiseite stellen.

❷ Gemüse waschen, putzen und klein schneiden. In der Rinderbrühe gar kochen, die Erbsen und Kräuter zufügen, mit Salz abschmecken.

❸ Birnen und Pflaumen mit Wein, Zitronenschale und Zucker in einem Topf ca. 15 Minuten dünsten.

❹ Aalstücke mit den Gewürzen in einen Topf geben, 500 ml Wasser und den Essig zugießen und kurz aufkochen. Bei geringer Hitze gar ziehen lassen.

❺ Zutaten in einer Terrine einschichten: Zuunterst gibt man das Obst, darüber gießt man die Brühe mit dem Gemüse und richtet die Aalstücke darauf an.

Für 4 Personen, pro Portion ca. 600 kcal

Forellensuppe

Eine Festtagssuppe, die der Auftakt für ein Fischmenü sein könnte. Die milde Forellensuppe bekommt als delikate Einlage Streifchen von geräuchertem Fischfilet und sollte mit feinem gebutterten Toast gereicht werden.

2 Stangen Bleichsellerie

½ Fenchelknolle

1 Möhre

1 Stange Lauch

2 Esslöffel Butter

1 Bund Petersilie

500 g frische Forellenreststücke (Kopf, Flossen etc.)

1 Esslöffel Zitronensaft

250 ml trockener Weißwein

1 Teelöffel Pfefferkörner

Salz

frisch gemahlener weißer Pfeffer

2 geräucherte Forellenfilets

1 Bund Schnittlauch

❶ Selleriestangen, Fenchel, Möhre und Lauch waschen, putzen und in kleine Stücke schneiden. Butter in einem großen Suppentopf zerlassen und Gemüsestückchen darin andünsten.

❷ Die Hälfte der gewaschenen Petersilie in Stängeln zugeben und mitdünsten. Forellenreststücke waschen und in den Topf geben. Mit Zitronensaft, Weißwein und 500 ml Wasser aufgießen, Pfefferkörner zugeben und alles 30 Minuten bei schwacher Hitze und mit geschlossenem Deckel köcheln lassen.

❸ Suppe durch ein feines sauberes Tuch seihen, um Fisch- und Gemüsereste zu entfernen. Fond noch einmal aufkochen und mit Salz und Pfeffer würzen.

❹ Geräucherte Forellenfilets in ca. 2 cm breite Streifen schneiden, Forellenfond auf kleine Suppentassen verteilen und geräucherte Forellenstreifchen einlegen, Schnittlauch waschen, in Röllchen schneiden und darüber streuen.

Für 4 Personen, pro Portion ca. 150 kcal

Fisch-Fenchel-Suppe

Für diese edle Fischsuppe eignen sich besonders gut Fische mit festem Fleisch wie Heilbutt, Kabeljau oder Steinbutt. Der Fenchel mit seinem ausgeprägten aromatischen Geschmack stellt eine reizvolle Ergänzung zum milden Fisch dar. Die Suppe lässt sich gut in ein großes Menü integrieren, aber auch als Hauptgang servieren.

500 g Fischfilet
1 Esslöffel Zitronensaft
250 ml trockener Veltliner
250 g Fischabfälle (Kopf, Flossen, Schwanz)
2 Schalotten
2 Frühlingszwiebeln
1 Petersilienwurzel
8 weiße Pfefferkörner
1 Bund Petersilie
Salz
frisch gemahlener weißer Pfeffer
1 Fenchelknolle
geröstete Brotwürfel

❶ Fischfilet in 2 cm dicke Stücke schneiden und mit Zitronensaft beträufeln, beiseite stellen. 500 ml Wasser und den Weißwein zum Kochen bringen, Fischabfälle zugeben.

❷ Schalotten, Frühlingszwiebeln und Petersilienwurzel waschen, putzen, grob zerkleinern und zusammen mit Pfefferkörnern und Petersilie in den Fischfond geben. Fond ½ Stunde bei schwacher Hitze köcheln lassen, zwischendurch Schaum an der Oberfläche abschöpfen.

❸ Fond durch ein sauberes Tuch abseihen, mit Salz und frischgemahlenem, weißen Pfeffer abschmecken.

❹ Fenchel putzen, Fenchelgrün zum Garnieren zurückbehalten. Äußere Blätter entfernen, nur innere Teile in feine Streifen schneiden, in den Fischfond geben und ca. 10–15 Minuten köcheln lassen, bis sie gar sind.

❺ In Streifen geschnittenes Fischfilet zum Fond geben und ca. 5 Minuten ziehen lassen. Suppe auf Teller verteilen und mit den Fenchelgrün garnieren. Geröstete Brotwürfel dazu servieren.

Für 4 Personen, pro Portion ca. 190 kcal

Krabbensuppe

Diese Suppe ist im Handumdrehen zubereitet und trotzdem eine Spezialität, die auch gut zu einem festlichen Menü passt. Ihren speziellen Geschmack erhält sie durch das Anrösten der Meeresfrüchte.

2 Esslöffel Öl
300 g Krabben ohne Schale
200 ml Madeira
500 ml Fischfond oder Hühnerbrühe
300 ml Sahne
2 Eigelbe
Salz
weißer Pfeffer aus der Mühle
1 Esslöffel Dillzweige

❶ Öl in einem Topf erhitzen und Krabben darin gleichmäßig golden anbraten. Mit Madeira ablöschen, Fond zugießen und 2 Minuten kochen.

❷ Von der Sahne 50 ml steif schlagen. Rest mit Eigelb verquirlen.

❸ Suppe vom Herd nehmen und mit der Sahne-Eigelb-Mischung binden. Mit Salz und Pfeffer abschmecken.

❹ In Suppentassen anrichten und mit einem Klecks geschlagener Sahne und etwas Dill garnieren.

Für 4 Personen, pro Portion ca. 380 kcal

Englische Hummersuppe

Bei diesem wahrhaft einfachen Rezept kommt es darauf an, beste Zutaten zu verwenden. Das Aroma entwickelt sich am besten, wenn man die Suppe 24 Stunden im Kühlschrank ruhen lässt.

2–3 Hummer (insgesamt ca. 1,5 kg)
Salz
120 g Butter
1 l frische Vollmilch

❶ Hummer in sprudelndes Salzwasser geben, Topf vom Herd nehmen und 7–10 Minuten ziehen lassen.

❷ Hummer herausnehmen und etwas abkühlen lassen. Fleisch aus Zangen und Panzer, Corail aus dem Körper lösen. Schwanz entdarmen und Fleisch in mundgerechte Stücke schneiden.

❸ Butter in einem schweren Topf aufschäumen, Hummerbutter und Corail ca. 5 Minuten darin anbraten. Hummerstücke zufügen und bei milder Hitze nochmals 10 Minuten dünsten.

❹ Milch langsam unter ständigem Rühren dazugießen. Suppe abkühlen lassen und mindestens 12 Stunden in den Kühlschrank stellen.

❺ Vor dem Servieren erhitzen, aber nicht mehr kochen. Mit Salz abschmecken.

Für 4 Personen, pro Portion ca. 400 kcal

Krebssuppe

Für Krebssuppen gibt es unzählige Rezepte. Die heute eher luxuriösen Krustentiere waren früher in vielen Flüssen heimisch und damit eine echte Volksnahrung. Besonders gut harmonieren Spargel und Morcheln als Einlage. Die Suppe schmeckt aber auch pur mit einem kleinen Klecks Sahne.

500 g Krebse
Salz
75 g Butter
1 Bund Suppengemüse
1 Zwiebel
2 Esslöffel Mehl
1 l Hühner- oder Kalbsfond
20 ml Cognac
1 Teelöffel Paprikapulver
1 Esslöffel Krebsbutter
weißer Pfeffer aus der Mühle
2 Eigelbe
125 ml Sahne
2 Esslöffel Schnittlauchröllchen

❶ Krebse in 2 l Salzwasser ca. 10 Minuten sprudelnd kochen, dann abschrecken. Fleisch aus den Scheren und Schwänzen auslösen, die Schwänze entdarmen, Schalen zerstoßen.

❷ Suppengemüse waschen, putzen, fein würfeln. Die Zwiebel schälen und fein hacken. Beides mit den zerstoßenen Krebsschalen in der Butter anschwitzen. Mit Mehl bestäuben und mit Fond aufgießen. Nach 30 Minuten durch ein feines Sieb abgießen und gut ausdrücken.

❸ Suppe nochmals aufkochen, mit Cognac, Paprikapulver, der Krebsbutter, Salz und Pfeffer abschmecken. Eigelb mit der Sahne verrühren und mit dem Schneebesen unter die nicht mehr kochende Suppe ziehen.

❹ Krebsfleisch in Tellern anrichten, mit der heißen Suppe begießen und mit Schnittlauch bestreut servieren.

Für 4 Personen, pro Portion ca. 400 kcal

Austernsuppe

Eine Delikatesse für besondere Anlässe. Edle Austern machen diese Suppe zu einem Festtagsgericht. Den Fischfond gibt es in Feinkostgeschäften bereits fertig zu kaufen – so ist die Suppe nicht aufwendig zuzubereiten.

16 frische Austern
2 Esslöffel Zitronensaft
750 ml Fischfond
250 ml Weißwein
3 Esslöffel Olivenöl
2 Esslöffel Speisestärke
Salz
frisch gemahlener Pfeffer
1 Esslöffel Sherry
125 g Crème fraîche
1 Bund Petersilie

❶ Austern mit einem Austernbrecher öffnen, aus den Schalen lösen und mit Zitronensaft beträufeln. Fischfond und Weißwein zusammen erhitzen, Austern hineingeben und einige Minuten darin garen.

❷ Austern aus dem Fond nehmen und auf 4 Suppentassen verteilen. Olivenöl in einem großen Topf erhitzen, Speisestärke darüber stäuben, verrühren und bei schwacher Hitze anbräunen. Unter ständigem Rühren mit dem Fischfond aufgießen und ca. 15 Minuten köcheln lassen.

❸ Suppe mit Salz, Pfeffer und Sherry abschmecken, auf niedrigster Stufe warm halten, Crème fraîche einrühren. Petersilie waschen, fein hacken und heiße Suppe über die Austern gießen. Mit Petersilie bestreuen und frisches Baguette dazu reichen.

Für 4 Personen, pro Portion ca. 350 kcal

Fischrogensuppe

Diese delikate Suppe hat ihren Ursprung in der slawischen Küche und wird süß-sauer abgeschmeckt. Der Fischrogen kann beispielsweise vom Karpfen oder vom Hering stammen.

250 g Fischrogen
1 Esslöffel Essig
500 g Fischstücke (auch Köpfe oder Flossen)
1 große Zwiebel
2 Esslöffel Butter
2 Esslöffel Speisestärke
125 ml Weißwein
½ Teelöffel Zucker
1 Esslöffel Zitronensaft
Salz
frisch gemahlener Pfeffer
4 Scheiben Schwarzbrot

❶ Fischrogen in einen Topf mit ca. 250 ml Wasser geben, Essig zufügen und 10 Minuten kochen. Fischrogen abseihen und beiseite stellen.

❷ Fischabschnitte in etwa 1 l Wasser geben, Zwiebel schälen, vierteln und zufügen, ca. 1 Stunde lang köcheln lassen. Fischfond durch ein feines Sieb seihen.

❸ Butter in einer großen Kasserolle schmelzen, Speisestärke einstäuben, mit Weißwein ablöschen und kräftig verrühren, damit sich keine Klümpchen bilden. Fischfond zugießen und 10 Minuten köcheln lassen.

❹ Fischrogen in die Suppe geben und kurz ziehen lassen. Mit Zucker, Zitronensaft, Salz und schwarzem Pfeffer würzen. Suppe mit geröstetem Schwarzbrot servieren.

Für 4 Personen, pro Portion ca. 220 kcal

Miesmuschelsuppe

Die bei uns beliebteste Muschelart hat ihren Namen von dem »Moos«, mit dem sie sich an Pfählen und Steinen fest hält. Wem das Muschelessen aus der Schale zu langsam geht, der ist mit dieser Suppe gut beraten. Fügt man klein gehacktes Sauerkraut zur Suppe, entsteht eine ungewöhnliche, aber köstliche Variante.

1 kg Miesmuscheln
4 Schalotten
2 Knoblauchzehen
4 Esslöffel Olivenöl
125 ml trockener Weißwein
2 Zweige Thymian
2 Möhren
2 Kartoffeln
750 ml Hühnerbrühe
Saft von 1 Zitrone
Salz
weißer Pfeffer aus der Mühle
100 g Crème fraîche
2 Eigelbe
2 Esslöffel gehackte Petersilie

❶ Muscheln gründlich abbürsten, Bärte entfernen und die Muscheln mehrmals spülen. Geöffnete und beschädigte Exemplare wegwerfen. Die Schalotten und die Knoblauchzehen schälen. Die Schalotten fein würfeln, den Knoblauch zerdrücken.

❷ Zwei Esslöffel Öl in einem Topf erhitzen, Schalotten und Knoblauch darin glasig anbraten. Mit Wein ablöschen, Thymian zufügen und Muscheln in den Topf geben. Mit einer Tasse Wasser aufgießen und im geschlossenen Topf ca. 10 Minuten gar ziehen lassen, bis sich die Muscheln geöffnet haben. Nicht geöffnete Muscheln herausnehmen und zur Seite stellen, da sie nicht genießbar sind.

❸ Muscheln aus den Schalen lösen, Sud auffangen und abgedeckt beiseite stellen. Kochsud durch ein Haarsieb gießen.

❹ Möhren und Kartoffeln schälen und in sehr kleine Würfel schneiden. Restliches Öl erhitzen und Gemüsewürfel darin andünsten. Mit Kochsud und Brühe ablöschen und ca. 10 Minuten garen. Suppe mit Zitronensaft, Salz und Pfeffer abschmecken. Muscheln in die Suppe geben und erhitzen.

❺ Crème fraîche und Eigelb verrühren und die nicht mehr kochende Suppe damit binden. Mit Petersilie bestreut servieren.

Für 4 Personen, pro Portion ca. 390 kcal

Sauere Gänsekleinsuppe mit Grütze

Diese Suppe kann auch mit weniger Flüssigkeit als Hauptgericht zubereitet werden, wozu man dann Pellkartoffeln serviert. In Pommern bereitet man das Gänseklein mit Backobst als süßsauere Variante zu. Bei diesem Rezept wurde das Fleisch vorher ausgelöst, da es so einfacher zu essen ist.

Gänseklein von zwei Gänsen
Salz
1 Lorbeerblatt
1 Teelöffel schwarze Pfefferkörner
1 Zweig Beifuss
1 Zweig Majoran
1 Zweig Petersilie
1 Bund Suppengemüse
100 g Hafer- oder Gerstengrütze
1 Apfel
1 Zwiebel
Essig
gemischte gehackte Kräuter

❶ Gänseklein waschen, in einem Topf mit kaltem Wasser bedecken und zum Kochen bringen, dabei öfter abschäumen. Nach 15 Minuten durch ein Sieb in einen anderen Topf gießen, das Gänseklein abspülen und wieder in den Topf geben. Kräuter, Gewürze und die Grütze zugeben und ca. 2 Stunden köcheln lassen.

❷ Inzwischen das Suppengemüse waschen, putzen und klein schneiden. Apfel und Zwiebel schälen, den Apfel vom Kernhaus befreien und beides in dünne Scheiben schneiden. Alles zur Suppe geben und ca. 30 Minuten garen.

❸ Gänseklein herausnehmen. Haut von Hals und Flügeln entfernen und das Fleisch vom Knochen lösen. Mägen und Herzen in dünne Scheiben schneiden.

❹ Suppe mit Salz und Pfeffer würzen und nach Geschmack Essig zugeben. Gänsefleisch zur Suppe geben und mit den gehackten Kräutern bestreut servieren.

Für 4 Personen, pro Portion ca. 150 kcal

Klare Taubensuppe mit Gemüse

In dieser kräftigen Brühe kommt das spezielle Tauben-Aroma besonders gut zur Geltung. Man kann das Fleisch auch vor dem Servieren vom Knochen lösen, dann müssen die Gäste beim Essen weniger »arbeiten«. Wer es gerne etwas sättigender mag, gibt einfach noch gekochte Nudeln oder Reis mit in die Suppe.

2 küchenfertige Tauben

1 Lorbeerblatt

1 Teelöffel schwarze Pfefferkörner

1¼ l Hühnerbrühe

2 Möhren

¼ Knollensellerie

1 Stange Lauch

40 g Butter

Salz

2 Eigelbe

2 Esslöffel gehackte Petersilie

❶ Tauben waschen und mit dem Lorbeerblatt und den Pfefferkörnern in einem hohen Topf mit der Brühe langsam zum Kochen bringen. Eventuell abschäumen und ca. 30–40 Minuten offen köcheln lassen.

❷ Das Gemüse für die Einlage waschen, putzen, vom Lauch nur das Weiße verwenden. Alles in feine Scheiben schneiden oder würfeln. Von der Taubenbrühe etwas abnehmen und das Gemüse in einem kleinen Topf bissfest garen.

❸ Tauben aus dem Topf nehmen, Butter in die Brühe rühren und die Brühe durch ein Haarsieb gießen. Gemüse mit der Garflüssigkeit in die Suppe geben und mit Salz abschmecken. Die Tauben halbieren.

❹ Eigelbe in einer Tasse mit etwas Brühe vermengen und mit dem Schneebesen in die Suppe rühren. Die Suppe darf dabei nicht mehr kochen. Taubenhälften in je einen Suppenteller geben, mit Brühe auffüllen und mit Petersilie bestreut servieren.

Für 4 Personen, pro Portion ca. 300 kcal

Klare Entenbouillon mit Gemüseeinlage

Das intensive Aroma des Entenfleisches ist eine interessante Alternative zur klassischen Hühnerbouillion. Die Gemüse sehen besonders dekorativ aus, wenn man sie in Rauten scheidet oder in Blütenform aussticht. Ganz einfach können Sie die Suppe auch mit Sojasauce, Chilischote, frischem Koriander, Sojasprossen und Glasnudeln in eine asiatische Spezialität verwandeln. Wenn Sie noch eine mitgegarte, in dünne Scheiben geschnittene Entenbrust zugeben, wird die Suppe reichhaltiger.

500 g Entenklein (Hals, Flügel, Kopf, Magen, Herz)

1 Bund Suppengemüse

1 Lorbeerblatt

1 Teelöffel schwarze Pfefferkörner

2 Möhren

¼ Knollensellerie

1 Stange Lauch (nur das Weiße)

Salz

1 Esslöffel gekörnte Brühe

2 Esslöffel Schnittlauchröllchen

❶ Entenklein kalt abspülen und zusammen mit dem gewaschenem, geputztem, klein geschnittenem Suppengemüse, Lorbeerblatt, Pfeffer und Salz in einen Suppentopf geben und mit kaltem Wasser bedecken. Langsam zum Kochen bringen und bei milder Hitze solange köcheln lassen, bis Herz und Magen weich sind. Dabei öfter abschäumen.

❷ Inzwischen Gemüse für die Suppeneinlage waschen und putzen. Möhren und Sellerie dekorativ in dünne Scheiben schneiden, den Lauch in dünne Ringe. Gemüse bissfest in etwas Salzwasser garen und kalt abschrecken.

❸ Ententeile herausnehmen, Suppe durch ein Haarsieb gießen und gekörnte Brühe darin auflösen. Hals und Flügel häuten und Fleisch ablösen. Magen und Herz vom Fett befreien und in sehr dünne Scheiben schneiden.

❹ Entenfleisch und Gemüse in der Brühe kurz erhitzen und Suppe mit Schnittlauch bestreut servieren.

Für 4 Personen, pro Portion ca. 200 kcal

Hühner-Kräuter-Cremesuppe

Der zeitliche Aufwand, eine echte Hühnerbrühe zuzubereiten, lohnt sich allemal – wie man bei diesem Rezept feststellen wird. Das mit aromatischen Kräutern gekochte Suppenhuhn ergibt einen köstlichen Fond, der auch als Ausgangsbasis für Suppenvariationen dienen kann.

❶ Suppenhuhn waschen und in einem Topf mit 1½ l Wasser zum Kochen bringen. Zwiebel schälen und mit dem Lorbeerblatt und den Nelken spicken, zum Huhn geben. Salz, Pfefferkörner, Wacholderbeeren, frischen Oregano und Zitronenmelisse in die Brühe geben und ca. 1 Stunde kochen.

❷ Huhn aus der Brühe nehmen und die Flüssigkeit durch ein Sieb gießen. Gekochtes Huhn enthäuten, Fleisch von den Knochen ablösen, in feine Streifen schneiden und beiseite stellen.

❸ Lauch, Bleichsellerie, Möhren und Petersilienwurzel waschen, putzen und in feine Streifen schneiden. Butter in einer großen Kasserolle zerlassen und Gemüse darin andünsten. Mit der Hühnerbrühe aufgießen.

❹ Sahne mit Speisestärke verquirlen, zur Suppe geben und einmal aufkochen. Dabei kräftig umrühren, damit sich keine Klümpchen bilden. Fein geschnittenes Hühnerfleisch in die Suppe geben und diese mit Salz, Pfeffer und geriebener Muskatnuss abschmecken. Petersilie waschen, hacken und darüber streuen. Auf Suppenschalen verteilen und geröstetes Brot dazu reichen.

Für 4 Personen, pro Portion ca. 220 kcal

1 Suppenhuhn
1 Zwiebel
1 Lorbeerblatt
2 Nelken
Salz
8 Pfefferkörner
5 Wacholderbeeren
einige Zweige frischer Oregano
einige Blätter Zitronenmelisse
1 Stange Lauch
1 Stange Bleichsellerie
2 Möhren
1 Petersilienwurzel
2 Esslöffel Butter
125 ml Sahne
2 Esslöffel Speisestärke
frisch gemahlener Pfeffer
Muskatnuss
1 kleiner Bund Petersilie

Klare Ochsenschwanzsuppe

Die Zubereitung dieses Klassikers ist sicher sehr zeitaufwendig, aber das Ergebnis lohnt die Mühe. Man kann die Suppe auch sehr gut einfrieren. Anstatt des aufwendigen Klärens mit Rinderhack kann man die fertige Brühe auch nur durch ein Tuch gießen, dann wird sie allerdings nicht ganz klar. Für die gebundene Variante stäubt man Fleisch und Gemüse mit Mehl ein und passiert die Brühe mit dem Gemüse, bevor man das ausgelöste Fleisch wieder dazugibt.

1 kg Ochsenschwanz, gesäubert und in 5 cm langen Stücken

1 Scheibe Kalbshaxe, ca. 350 g

1 Möhre

1 Stange Lauch

¼ Knollensellerie

1 Petersilienwurzel

5 Esslöffel Öl

1 Lorbeerblatt

2 Zweige Thymian

1 Teelöffel schwarze Pfefferkörner

250 g Rinderhack

4 Eiweiße

1 Gläschen trockener Sherry

Salz

Pfeffer aus der Mühle

❶ Fleisch kalt abspülen und gut abtrocknen. Gemüse waschen, putzen und fein würfeln. Öl in einem Topf erhitzen und Fleisch rundherum gleichmäßig anbräunen. Gemüse dazugeben und ebenfalls anrösten.

❷ So viel kaltes Wasser aufgießen, dass alles knapp bedeckt ist. Lorbeerblatt, Thymian, Pfefferkörner und Salz zufügen. Bei mäßiger Hitze ca. 2 Stunden mit halbaufgelegtem Deckel köcheln lassen, bis das Fleisch sehr weich ist. Immer wieder abschäumen. Fleisch herausnehmen, vom Knochen lösen und in kleine Würfel schneiden. Abgedeckt beiseite stellen.

❸ Knochen wieder in die Suppe geben und eine weitere Stunde kochen, dabei nochmals abschäumen. Suppe durch ein Haarsieb gießen; abkühlen lassen und entfetten. Zum Klären das mit dem Eiweiß vermengte Rinderhack vorsichtig in die Brühe rühren und langsam erhitzen. Nach 20 Minuten köcheln lassen alles durch ein mit einem Tuch ausgelegtes Sieb gießen.

❹ Suppe mit Sherry würzen und mit Salz und Pfeffer abschmecken, Fleischwürfel in der Suppe erhitzen.

Für 8 Personen, pro Portion ca. 170 kcal

Gaisburger Marsch

Hinter diesem Rezept verbirgt sich eine vollständige Mahlzeit mit Spätzle, Rindfleisch und Kartoffeln. Der Überlieferung nach sollen Schwäbinnen aus dem Ort Gaisburg im Dreißigjährigen Krieg diese köstliche Suppe erfunden haben. Sie durften ihren gefangen genommenen Männern nur ein einziges Gefäß mit Speisen bringen – und kochten so alles Nahrhafte in einem Topf.

Für den Spätzleteig:

80 g Mehl

1 Ei

Salz

Für die Suppe:

500 g Rindfleisch (von der hohen Rippe)

150 g Möhren

1 Stange Lauch

¼ Knollensellerie

2 Schalotten

1 Petersilienwurzel

1 kleiner Kohlrabi

2 frische Thymianzweige

3 Nelken

1 Lorbeerblatt

5 Wacholderbeeren

10 Pfefferkörner

Salz

150 g Kartoffeln

1 Zwiebel

30 g Butter

Muskatnuss

1 Bund Petersilie

weißer Pfeffer aus der Mühle

❶ Mehl, Ei, 250 ml Wasser und Salz zu einem glatten Teig verarbeiten. Sollte er kleben, noch etwas Mehl darunterkneten. In einem großen Topf 1½ l Salzwasser zum Kochen bringen.

❷ Jeweils eine kleine Menge Teig auf ein flaches Holzbrett streichen und Spätzle mit einem Messer in das kochende Wasser schaben. Sobald die Spätzle an der Oberfläche schwimmen, mit einem Schöpfsieb herausnehmen, kurz mit kaltem Wasser abschrecken und in ein sauberes, feuchtes Küchentuch einschlagen.

❸ Rindfleisch in einen großen Topf mit 1 l kaltem Wasser geben und zum Kochen bringen. Gemüse waschen, putzen und eine Hälfte nur grob zerkleinern, die andere Hälfte in kleine Würfel schneiden und beiseite stellen. Das grob zerkleinerte Gemüse zum Rindfleisch geben, ebenso die Gewürze und etwas Salz. Suppe bei schwacher Hitze ca. 1 Stunde kochen.

❹ Kartoffeln schälen und in kleine Würfel schneiden, Petersilie waschen und fein hacken. Rindfleisch aus der Brühe nehmen und in feine Streifen schneiden, zugedeckt warm halten. Brühe durch ein feines Sieb gießen, klein gewürfeltes Gemüse und Kartoffeln hineingeben und in ca. 15 Minuten weich garen.

❺ Zwiebel schälen, fein hacken und in der Butter goldgelb anbraten, Zwiebel herausnehmen und Spätzle in der heißen Butter schwenken. Mit Salz und geriebener Muskatnuss würzen.

❻ Gebratene Zwiebel, Spätzle, in Streifen geschnittenes Rindfleisch und Petersilie in die Brühe geben und nochmals mit weißem Pfeffer und Salz abschmecken. Die Suppe in einer großen Terrine servieren.

Für 4 Personen, pro Portion ca. 370 kcal

Windsorsuppe

Ob diese Suppe tatsächlich in der englischen Stadt an der Themse kreiert wurde oder etwas mit dem Königshaus zu tun hat, ist nicht überliefert. Mit den verschiedenen Fleischsorten, die durch das langsame Garen sehr zart werden, ist sie auf jeden Fall ein königlicher Genuss, der so reichhaltig ist, dass sie auch ein Hauptgericht ersetzt.

350 g Rindfleisch, gut durchwachsen

360 g Kalbfleisch

2 Kalbsknochen

1 dicke Scheibe roher Schinken (150 g)

1 Bund Suppengemüse

3 Schalotten

3 Esslöffel Öl

40 g Butter

40 g Mehl

50 g kleine Hörnchennudeln

Salz

Madeira

Cayennepfeffer

6 Esslöffel Sauerrahm

3 Esslöffel Schnittlauchröllchen

❶ Fleisch in mundgerechte Stücke schneiden, Knochen gut abspülen und Schinken würfeln. Suppengemüse waschen, putzen und klein schneiden. Die Schalotten schälen und fein würfeln. Alles in einem Suppentopf im Öl hellbraun anbraten und mit ca. 2 l Wasser aufgießen.

❷ Suppe bei geringer Hitze im offenen Topf ca. 1–2 Stunden köcheln lassen, bis das Fleisch sehr zart ist.

❸ Butter in einem Topf aufschäumen und Mehl darin hellbraun anschwitzen. Von der Suppe 500 ml Brühe abnehmen, die Mehlschwitze damit ablöschen und 20 Minuten köcheln lassen. Danach zur Suppe geben.

❹ Inzwischen Nudeln nach Packungsanweisung in Salzwasser bissfest kochen und kalt abschrecken. Suppe mit Madeira, Salz und Cayennepfeffer abschmecken, mit den Nudeln, je einem Löffel Sauerrahm und Schnittlauch in Suppentellern anrichten.

Für 6 Personen, pro Portion ca. 440 kcal

Obst- und Getreidesuppen

Milchsuppen, die der bäuerlichen Küche entstammen, sind fast in Vergessenheit geraten. Zu Unrecht – wie Sie feststellen werden, wenn Sie die Milchsuppe mit Klümpchen (s. S. 107) probieren. Größerer Beliebtheit erfreuen sich Getreidesuppen, wie etwa eine deftige Graupensuppe (s. S. 109), oder Obstsuppen, wie die fast schwarze Holundersuppe mit kleinen Dampfnudeln (s. S. 101).

Pflaumensuppe

Im Herbst, wenn frische Früchte im Überfluss zur Verfügung stehen, lassen sich köstliche Obstsuppen zubereiten. Die Pflaumen können zum Beispiel auch durch Blaubeeren oder Brombeeren ersetzt werden.

500 g Pflaumen
1 Prise Salz
1 Esslöffel Speisestärke
1 Teelöffel Zimt
1–2 Esslöffel Puderzucker
125 g Jogurt

❶ Pflaumen waschen und entsteinen. 1 l Wasser mit der Prise Salz in einem großen Topf erhitzen. Pflaumen darin weich dünsten.

❷ Speisestärke mit 1 Esslöffel kaltem Wasser verrühren, langsam in die Pflaumen einrühren und kurz aufkochen.

❸ Pflaumen mit Zimt und Zucker abschmecken und Jogurt unterrühren. Pflaumensuppe auf Schälchen verteilen und mit kleinen Makronen oder Butterkeksstücken servieren.

Für 4 Personen, pro Portion ca. 110 kcal

Kalte Orangen-Konsommee

Eine erfrischende und für Gäste gewiss auch überraschende Suppe, die auf einer ungewöhnlichen Kombination basiert: feine Geflügelbrühe und fruchtige Orangen.

500 ml Hühnerfond
Saft von 3 Orangen
2 Nelken
1 Chilischote
frisch gemahlener weißer Pfeffer
Salz
1 Prise Zimt
1 unbehandelte Orange
1 Zweig Zitronenmelisse

❶ Hühnerfond, Orangensaft, Nelken und Chilischote in eine Kasserolle geben und zum Kochen bringen.

❷ Brühe bei schwacher Hitze ca. 5 Minuten köcheln lassen, durch ein feines Tuch abseihen. Konsommee mit Pfeffer, Salz und einer Prise Zimt würzen.

❸ Brühe 3 Stunden kühl stellen. Orange waschen und in feine Scheiben schneiden, Konsommee auf Suppentassen verteilen, mit Orangenscheiben und Zitronenmelisseblättern garnieren. Dazu kleine Brandteigkrapfen (Suppeneinlagen s. S. 136) reichen.

Für 4 Personen, pro Portion ca. 80 kcal

Süße Obstsuppe

Einen wahren Vitaminstoss gibt diese süße Obstsuppe, die aus frischen Früchten zubereitet und gut gekühlt gegessen wird. Die Früchte kann man je nach Saison und persönlichem Geschmack auswählen und dann mit Beeren hübsch garnieren!

❶ Bananen schälen und in Scheiben schneiden, in eine große Schale legen und sofort mit Zitronensaft beträufeln. Pfirsich häuten, Kern herausdrehen und Fruchtfleisch in mundgerechte Stücke schneiden, Mango schälen und Fruchtfleisch in Streifen schneiden. Fruchtstücke in die Schale geben.

❷ Apfel, Birne und Orange schälen, von den Kernhäusern befreien und in mundgerechte Stücke schneiden, zum restlichen Obst in die Schale geben und alles vermischen.

❸ Magerjogurt mit Kiwi- oder Aprikosennektar verrühren, mit Birnendicksaft und Vanillezucker süßen. Jogurt-Mischung über die Fruchtstücke geben und die Suppe 30 Minuten kühl stellen.

❹ Obstkaltschale auf Schüsselchen verteilen, mit Himbeeren und frischen Minzeblättern garnieren.

Für 4 Personen, pro Portion ca. 290 kcal

2 Bananen
Saft von 1 Zitrone
1 Pfirsich
1 Mango
1 Apfel
1 Birne
1 Orange
500 ml Magerjogurt
500 ml Kiwi- oder Aprikosennektar
2 Esslöffel Birnendicksaft
1 Päckchen Vanillezucker
100 g Himbeeren
einige frische Minzeblätter

Stachelbeersuppe

Die Stachelbeeren gibt es als weiße, grüne, rote und gelbe Variante. Die Suppe kann warm oder kalt serviert werden und wird mit geräucherten Putenbruststreifen als Einlage eine raffinierte Vorspeise zu einem orientalisch inspirierten Menü.

500 g Stachelbeeren
150 g Zucker
250 ml Weißwein
250 ml naturtrüber Apfelsaft
1 Prise Currypulver
4 Zweige Zitronenmelisse

❶ Stachelbeeren waschen, von Stielen und Härchen befreien.

❷ Zucker in einem schweren Topf hell karamellisieren lassen, Stachelbeeren zugeben und mit Wein und Apfelsaft aufgießen. Currypulver einrühren und alles 10 Minuten bei milder Hitze im geschlossenen Topf köcheln lassen.

❸ Zitronenmelisse waschen, Blättchen von zwei Zweigen fein hacken, zufügen. Suppe pürieren und durch ein Sieb passieren.

❹ Mit der restlichen Zitronenmelisse garniert servieren.

Für 4 Personen, pro Portion ca. 340 kcal

Holundersuppe mit kleinen Dampfnudeln

Aus den dunklen Beeren des stark duftenden Strauchs kann man Saft, Sirup und ausgebackene Küchlein machen. Hier wird mit den Dampfnudeln ein süßes Hauptgericht daraus.

❶ Zucker in einem schweren Topf hell karamellisieren lassen, die gewaschenen Beeren zugeben und mit Wein aufgießen. 10 Minuten köcheln lassen. Beeren pürieren und durch ein Sieb passieren. In etwas Wasser glatt gerührte Speisestärke unterrühren, nochmals kurz aufkochen.

❷ Für die Dampfnudeln Mehl in eine Schüssel sieben, eine Mulde hineindrücken. Ein Drittel der Milch lauwarm erhitzen. Darin Hefe und 20 g Zucker auflösen und zugießen. Etwas Mehl vom Rand darüber stauben und abgedeckt an einem warmen Ort 15 Minuten gehen lassen.

❸ Mit Eigelb, 20 g Zucker, Hälfte der Butter, Salz und Zitronenschale kräftig verkneten. Teig zu kleinen Kugeln formen und 30 Minuten gehen lassen.

❹ In einem breiten Topf Butter und Zucker in der restlichen Milch aufkochen. Teigkugeln mit etwas Abstand hineinsetzen und im geschlossenen Topf bei geringer Hitze 20 Minuten dünsten.

❺ Puderzucker über die fertigen Dampfnudeln streuen und im Ofen kurz unter dem Grill karamellisieren lassen.

❻ Suppe in Tellern anrichten und die Dampfnudeln hineinsetzen.

Für 4 Personen, pro Portion ca. 440 kcal

Für die Suppe:

50 g Zucker

300 g Holunderbeeren

100 ml Rotwein

2 Teelöffel Speisestärke

Für die Dampfnudeln:

200 g Mehl

15 g Hefe

250 ml Milch

60 g Zucker

1 Eigelb

30 g Butter

1 Prise Salz

abgeriebene Schale von ½ unbehandelten Zitrone

2 Esslöffel Puderzucker

Jogurtsuppe mit Himbeeren

Im Sommer schmeckt eine »süße Suppe« wie diese Jogurt-Himbeer-Kaltschale besonders erfrischend. Dabei kann man die Himbeeren auch durch Heidelbeeren oder Erdbeeren ersetzen. Allerdings sollte immer nur eine Beerensorte verwendet werden.

500 g Magerjogurt
250 g Crème fraîche
Saft von 1 Zitrone
3 Esslöffel Puderzucker
300 g Himbeeren
100 ml Sahne
einige Blätter Minze

❶ Jogurt und Crème fraîche mit Zitronensaft und Puderzucker gut verrühren. Etwa ein Drittel der Himbeeren dazugeben, die restlichen Früchte zum Garnieren beiseite stellen.

❷ Jogurtmasse mit den Beeren pürieren und ca. eine Stunde kühl stellen.

❸ Sahne steif schlagen, die Jogurtsuppe in gekühlte Schälchen geben und mit den Himbeeren belegen. Mit Schlagsahne verzieren und mit Minzeblättern garnieren.

Für 4 Personen, pro Portion ca. 440 kcal

Mehlsuppe

Die einfachste Form der gebundenen Suppe basiert auf der klassischen Mehlschwitze. Den raffinierten Geschmack bekommt diese Suppe durch Rotwein und Parmesan.

1 Zwiebel
80 g Butter
120 g feines Dinkelmehl
1 l Gemüsebrühe
100 ml Rotwein
Salz
frisch gemahlener Pfeffer
50 g Parmesan

❶ Zwiebel schälen und fein reiben. Butter in einer großen Kasserolle zerlassen und geriebene Zwiebel darin andünsten. Dinkelmehl darüber sieben und unter Rühren anbräunen.

❷ Mehlschwitze mit Gemüsebrühe ablöschen und bis zum Aufkochen mit dem Schneebesen verrühren. 30 Minuten köcheln lassen, Rotwein zugeben. Suppe ab diesem Zeitpunkt bei schwacher Hitze warm halten, jedoch nicht mehr kochen lassen. Mit Salz und Pfeffer abschmecken.

❸ Mehlsuppe auf Suppentassen verteilen und Parmesan darüber reiben. Geröstete Schwarzbrotwürfel dazu servieren.

Für 4 Personen, pro Portion ca. 320 kcal

Milchsuppe

Für die Milchsuppe stellt man kleine nudelähnliche Klößchen aus Roggenmehl, Käse und Wasser her, die in Milch gekocht werden und die Suppe sämig machen.

70 g Roggenmehl
50 g geriebener Emmentaler
500 ml Milch
500 ml Buttermilch
Salz
frisch gemahlener weißer Pfeffer
Muskatnuss

❶ Roggenmehl mit geriebenem Emmentaler und 3–4 Esslöffel Wasser zu einem festen Teig verkneten. Sollte der Teig bröseln, noch etwas Wasser zugeben.

❷ Teig 15 Minuten kühl stellen, dann Teigkloß auf ein Holzbrett geben, flach drücken und mit einem Wiegemesser zu kurzen Nudeln schneiden.

❸ Milch, Buttermilch und Salz zusammen aufkochen, Nudeln hineingeben und ca. 5 Minuten bei schwacher Hitze ziehen lassen. Milchsuppe mit Salz, Pfeffer und geriebener Muskatnuss abschmecken

Für 4 Personen, pro Portion ca. 160 kcal

Grießsuppe

Die Grießsuppe schmeckt mild und lässt sich gut durch die Zugabe von Gemüsestreifchen verfeinern. Der Grieß wird, bevor man ihn in die Suppe gibt, kurz in Butter angeröstet.

40 g Butter
75 g Hartweizengrieß
1 l Gemüsebrühe
1 Möhre
1 kleine Zwiebel
1 Stange Lauch
1 kleines Stück Knollensellerie
Salz
frisch gemahlener Pfeffer
Muskatnuss
1 kleiner Bund Petersilie

❶ Butter in einer Pfanne zerlassen, Grieß darin goldgelb anrösten. Gemüsebrühe zum Kochen bringen.

❷ Möhre, Zwiebel, Lauch und Sellerie putzen und in feine Streifen schneiden. Gemüse in die Brühe geben und 20 Minuten kochen.

❸ Gerösteten Grieß in die Suppe rühren und 10 Minuten quellen lassen. Mit Salz, Pfeffer und geriebener Muskatnuss abschmecken. Petersilie waschen, Blättchen fein hacken und in die Suppe geben. Heiße Suppe in Teller füllen und mit geröstetem Weißbrot servieren.

Für 4 Personen, pro Portion ca. 160 kcal

Graupensuppe

Graupen sind ganz zu Unrecht heute relativ in Vergessenheit geraten. Die geschälten und polierten Gerstenkörner sind besonders in Form der kleinen Perlgraupen leicht verdaulich. Sehr gut schmeckt die Suppe auch mit Bündner Fleisch statt Speck.

❶ Graupen kalt abspülen und mit dem Speck im Stück in einen Topf geben. Mit Rinderbrühe bedecken und langsam aufkochen. Bei milder Hitze 1 Stunde ausquellen lassen. Speck herausnehmen.

❷ Inzwischen das Gemüse putzen, waschen und in kleine Würfel schneiden. Öl erhitzen und Gemüsemischung darin kurz anbraten. In die Suppe geben und bissfest garen.

❸ Speck von der Schwarte befreien, in kleine Würfel schneiden und der Suppe zufügen.

❹ Mit Salz und Pfeffer abschmecken und mit Petersilie bestreut servieren.

Für 4 Personen, pro Portion ca. 430 kcal

100 g Perlgraupen

250 g durchwachsener Speck, geräuchert

1 l Rinderbrühe

1 Möhre

1 Stange Lauch

1 Zwiebel

1 große mehlig kochende Kartoffel

2 Esslöffel Öl

Salz

Pfeffer aus der Mühle

2 Esslöffel gehackte Petersilie

Aufgeschmalzene Brotsuppe

Mit übrig gebliebenem Brot lassen sich köstliche Suppen zubereiten, die nichts von Resteverwertung ahnen lassen. Gerade in der ländlichen Küche kennt man viele Varianten. In dieser bayerischen Version geben geröstete Zwiebelringe der Suppe einen kräftigen Geschmack.

2 Zwiebeln

3 Esslöffel Butter

4 Scheiben altbackenes Schwarzbrot

100 g Emmentaler, fein gerieben

1 l Fleischbrühe

frisch gemahlener weißer Pfeffer

½ Bund Schnittlauch

Salz

❶ Zwiebeln schälen und in dünne Ringe schneiden. In einer Pfanne Butter zerlassen und Zwiebeln darin langsam goldbraun rösten.

❷ Zwiebeln auf Brotscheiben verteilen, geriebenen Käse darüber streuen, im Backofen bei 180 °C ca. 5 Minuten lang überbacken, bis der Käse geschmolzen ist. Fleischbrühe köcheln lassen.

❸ Überbackene Brote in Teller legen, vom Rand her langsam heiße Fleischbrühe in die Teller gießen, sodass die Brotscheiben knapp bedeckt sind und die Brühe langsam von unten aufsaugen.

❹ Schnittlauch waschen und in feine Röllchen schneiden, zusammen mit dem frisch gemahlenen Pfeffer über die heiße Suppe geben. Nach Belieben mit Salz abschmecken.

Für 4 Personen, pro Portion ca. 260 kcal

Gerstenflockensuppe

Gerste ist eine der ältesten Getreidearten der Welt. Sie enthält viele Vitamine und Spurenelemente. Aus dem Korn lassen sich süße und pikante Speisen zubereiten. Mit Gerstenflocken lässt sich schnell eine vollwertige Suppe herstellen.

1¼ l Gemüsebrühe
6 Esslöffel Gerstenflocken
Salz
frisch gemahlener Pfeffer
Muskatnuss
1 Eigelb
125 g Sauerrahm
1 Bund Schnittlauch

❶ Gemüsebrühe in einem großen Suppentopf erhitzen. Gerstenflocken in die kochende Brühe einstreuen und Suppe ca. 30 Minuten köcheln lassen.

❷ Gerstenflockensuppe kräftig mit Salz, Pfeffer und geriebener Muskatnuss abschmecken. Suppe bei schwacher Hitze köcheln lassen, Eigelb und Sauerrahm verquirlen und langsam zu der Suppe gießen, mit einem Schneebesen sorgfältig verrühren.

❸ Schnittlauch waschen und in feine Röllchen schneiden. Gerstenflockensuppe auf Suppentassen verteilen und Schnittlauch darüber streuen.

Für 4 Personen, pro Portion ca. 110 kcal

Hafermehlsuppe

Eine süße helle Suppe, die sich mit verschiedenem Obst und Nüssen verfeinern lässt. Grundlage ist eine helle Mehlschwitze mit Hafermehl, das einen leicht nussigen Geschmack besitzt.

2 Esslöffel Butter
60 g fein gemahlenes Hafermehl
500 ml Milch
1 Prise Salz
1 Esslöffel Vanillezucker
50 g Puderzucker
50 g Mandeln
50 g Dörrobst, z.B. getrocknete Pflaumen und Aprikosen

❶ Butter in einem großen Topf zerlassen, Hafermehl darüber sieben und unter Rühren anbräunen.

❷ Mehlschwitze langsam mit Milch und 500 ml Wasser ablöschen, mit dem Schneebesen kräftig verrühren. Suppe 10–15 Minuten kochen.

❸ Hafermehlsuppe mit 1 Prise Salz, Vanillezucker und Puderzucker abschmecken. Mandeln fein reiben und unter die Suppe rühren, Dörrobst zugeben und noch einige Minuten in der köchelnden Suppe dünsten.

Für 4 Personen, pro Portion ca. 310 kcal

Grünkernsuppe

Grünkern ist noch unreifes Dinkelkorn, das beim Darren (Rösten) einen kräftigen, nussähnlichen Geschmack entwickelt und hervorragend als Grundlage für Suppen geeignet ist. Grünkern ist meist als ganzes Korn, aber auch geschrotet, als Grütze, und als Mehl in Naturkostläden erhältlich.

75 g Grünkernmehl
3 Esslöffel Milch
1 l Gemüsebrühe
1 Eigelb
125 ml Sahne
Salz
frisch gemahlener Pfeffer

❶ Grünkernmehl mit 3 Esslöffel kalter Milch verrühren.

❷ Gemüsebrühe erhitzen und Grünkernmehl-Milch-Mischung langsam zugießen. Sorgfältig mit dem Schneebesen verrühren. Suppe ca. 25 Minuten bei schwacher Hitze und geschlossenem Deckel kochen.

❸ Eigelb mit Sahne verquirlen und unter die Suppe rühren. Suppe nicht mehr kochen lassen, mit Salz und Pfeffer abschmecken.

Für 4 Personen, pro Portion ca. 160 kcal

Biersuppe

Eine ungewöhnliche Kombination von Zutaten, aber äußerst delikat im Geschmack: Die Biersuppe aus dunklem Bier, Milch und exotischen Gewürzen, die man beispielsweise mit Eischneeklößchen als Einlage servieren kann.

500 ml Milch

50 g Zucker

Saft und Schale von 1 unbehandelten Zitrone

2 Esslöffel Speisestärke

1 Eigelb

½ Teelöffel Zimt

Muskatnuss

500 ml dunkles Bier

2 Eiweiße

1 Esslöffel Vanillezucker

❶ Milch, Zucker, Zitronensaft und -schale in einer großen Kasserolle zum Kochen bringen.

❷ Speisestärke mit Eigelb verquirlen, in die kochende Milch gießen und mit dem Schneebesen unter ständigem Rühren verquirlen. Kurz aufkochen lassen.

❸ Zimt und etwas geriebene Muskatnuss sowie das dunkle Bier zufügen. Suppe bei schwacher Hitze noch einmal erwärmen, jedoch nicht mehr kochen.

❹ Eiweiß mit Vanillezucker zu Eischnee schlagen, Biersuppe auf Teller verteilen, Eischneeklößchen mit einem Esslöffel abstechen und auf die Suppe geben. Nach Belieben noch etwas Zimt darüber streuen.

Für 4 Personen, pro Portion ca. 200 kcal

Weißweinsuppe

Eine raffinierte Suppe, die gut als Dessert gereicht werden kann. Besonders passend ist sie an einem kalten Winternachmittag, nicht zuletzt deshalb, weil die Gewürze dafür aus der typischen Weihnachtsbäckerei stammen.

1 Esslöffel Butter

2 Esslöffel Speisestärke

1 l fruchtiger Weißwein

150 g Zucker

1 Teelöffel Vanillezucker

abgeriebene Schale von 1 unbehandelten Zitrone

4 Nelken

1 Zimtstange

etwas Kardamom

6 Eigelbe

❶ Butter in einer großen Kasserolle schmelzen, Speisestärke darüber sieben und leicht anbräunen. Mehlschwitze mit Weißwein aufgießen und sorgfältig mit dem Schneebesen verquirlen. Nach und nach 500 ml Wasser zugießen und langsam zum Kochen bringen.

❷ Zucker, Vanillezucker, Zitronenschale, Nelken, Zimtstange und Kardamom zugeben und ca. 20 Minuten köcheln lassen.

❸ Weinsuppe durch ein feines Sieb gießen, sodass die Gewürze entfernt werden. Eigelb in einem anderen großen Topf verquirlen, Weinsuppe langsam zugießen und bei schwacher Hitze kurz aufkochen lassen. Dabei die Suppe unter stetigem Rühren mit dem Schneebesen cremig schlagen. In kleine Schälchen verteilen und Butterkekse dazu reichen.

Für 4 Personen, pro Portion ca. 370 kcal

ครัวทิพย์
KRAW-THIP BRAND
COCONUT MILK EXTRAC
NƯỚC CỐT DỪA
EXTRAIT DE LAIT DE COCO

Suppen aus aller Welt

Suppen gibt es überall auf der Welt und einige von ihnen sind so berühmt geworden, dass sie über die eigenen Landesgrenzen hinaus bekannt geworden sind. Bei Nachtschwärmern sehr beliebt ist beispielsweise die ungarische Gulaschsuppe (s. S. 133), die erfolgreich den späten Hunger stillt. Als Zwischengericht oder sogar als Hauptmahlzeit sind die französische Bouillabaisse (s. S. 118), eine Fischsuppe, die schon fast ein Eintopf ist, oder der russische Borschtsch (s. S. 128), der aus vielerlei Gemüse besteht, besonders beliebt.

Bouillabaisse

Die berühmte Fischsuppe aus Marseille wurde ursprünglich von den Fischern nach ihrer Rückkehr vom Fang mit verschiedenen Fischen, Meeresfrüchten und kleinen Krabben zubereitet. Beim Fischeinkauf lassen Sie sich am besten von Ihrem Fischhändler beraten. Zu dem berühmten Klassiker serviert man Aioli oder Rouille (Knoblauchmajonäse) und geröstete Weißbrotscheiben.

2 kg gemischte Fische und Meeresfrüchte
2 Möhren
1 Stange Lauch
500 g Tomaten
2 Schalotten
5 Knoblauchzehen
80 ml Olivenöl
500 ml trockener Weißwein
2 Zweige Thymian
1 Zweig Rosmarin
½ Bund Petersilie
1 Lorbeerblatt
Salz
Pfeffer aus der Mühle
Schale von 1 unbehandelten Orange
1 Fenchelknolle
2 Teelöffel Safran

❶ Fisch vom Fischhändler vorbereiten und filetieren lassen, Köpfe und Gräten mitnehmen. Größere Fische in Stücke teilen.

❷ Gemüse (bis auf den Fenchel) putzen, waschen und in grobe Stücke schneiden. 50 ml Öl in einem genügend großen Topf erhitzen, die Fischkarkassen bei mittlerer Temperatur kurz anschwitzen, Gemüse zufügen und ca. 5 Minuten leicht anbräunen.

❸ Mit Wein und 1 l Wasser ablöschen, Kräuter, Salz und Pfeffer und Orangenschale zugeben und bei milder Hitze ca. 25 Minuten köcheln lassen. Falls nötig zwischendurch abschäumen.

❹ Gemüsestücke herausnehmen, Rest durch ein Tuch abgießen, Gemüse wieder hineingeben und pürieren.

❺ Fenchelknolle putzen, waschen, das Grün gehackt beiseite stellen. Die Knolle vierteln und in dünne Scheiben schneiden. Restliches Olivenöl in einem Topf erhitzen und Fenchel ca. 5 Minuten darin andünsten. Mit Fischfond ablöschen, den Safran zugeben und alles zum Kochen bringen.

❻ Fischstücke je nach Größe bei milder Hitze ca. 5–10 Minuten gar ziehen lassen. Gericht nochmals abschmecken.

❼ Fische auf einer Platte anrichten und Suppe mit Fenchelgrün bestreut extra dazu servieren oder alles in einer flachen Schüssel servieren.

Für 6–8 Personen, pro Portion ca. 360 kcal

Steirische Suppe mit Wurzelgemüse

Für diese köstliche Suppe werden Kalbshaxen zusammen mit Wurzelgemüse langsam in einem Topf geschmort. Ein vollwertiger Hauptgang, wenn man gedämpfte Kartoffeln dazu serviert!

2 Stangen Bleichsellerie
1 kleiner Knollensellerie
2 Möhren
2 Petersilienwurzeln
2 große Schwarzwurzeln
2 Schalotten
1½ l Rinderbrühe
3 Esslöffel Weißweinessig
1 Teelöffel Zucker
Salz
1 Lorbeerblatt
5 schwarze Pfefferkörner
5 Wacholderbeeren
2 Kalbshaxen
1 Stück Meerrettich
1 Bund Schnittlauch

❶ Gemüse putzen bzw. schälen, waschen und in feine Stiftchen schneiden. Schalotten schälen und achteln. Rinderbrühe in einem großen Topf erhitzen, Gemüse zugeben und einige Minuten darin kochen lassen. Die Gemüsestreifchen sollten noch bissfest sein.

❷ Gegartes Gemüse mit dem Schöpfsieb herausnehmen, abtropfen lassen und beiseite stellen. Sud mit Essig, Zucker, Salz, Lorbeerblatt, Pfefferkörnern und Wacholderbeeren würzen, Kalbshaxen einlegen und ca. 1½ Stunden in der Brühe schmoren.

❸ Fleisch aus der Brühe nehmen, in Stücke schneiden und portionsweise auf große Suppenteller verteilen. Brühe durch ein Tuch seihen und Gemüsestreifchen hineingeben, nur kurz ziehen lassen.

❹ Heiße Brühe mit Gemüse über das Fleisch gießen. Meerettich schälen und reiben, Schnittlauch waschen und in feine Röllchen schneiden und beides über die Suppe streuen.

Für 4 Personen, pro Portion ca. 300 kcal

Manhatten Clam Chowder

Die großen Chowder Clams gibt es an der ganzen amerikanischen Ostküste. Dieses Rezept ist mit den Italienern nach New York eingewandert. In Neuengland wird eine helle Variante mit Milch und Sahne zubereitet. Anstatt Chowder Clams kann man auch die kleinen Venusmuscheln verwenden.

24 Chowder Clams (ersatzweise 1 kg Venusmuscheln)

150 g Frühstücksspeck

1 Gemüsezwiebel

1 Stange Bleichsellerie

2 Möhren

1 Dose Tomaten (800 g)

2 Zweige Thymian

1 Lorbeerblatt

Salz

Pfeffer aus der Mühle

1 große Kartoffel

Tabasco

❶ Muscheln unter fließendem Wasser kräftig abbürsten, in einer Schüssel 30 Minuten wässern und abspülen. 500 ml Wasser in einem geschlossen Topf zum Kochen bringen. Hitze reduzieren und Muscheln ca. 5 Minuten dämpfen, bis sich sie sich öffnen. Ungeöffnete Muscheln aussortieren und zur Seite stellen, sie sind ungenießbar. Muschelfleisch aus den Schalen nehmen. Kochflüssigkeit durch ein Tuch gießen und mit Wasser auf 750 ml auffüllen. Muschelfleisch hacken und beiseite stellen.

❷ Speck und geschälte Zwiebel fein hacken, Sellerie und Möhre putzen, waschen und in dünne Scheiben schneiden. Tomaten würfeln.

❸ Speck bei mittlerer Temperatur in einem Topf knusprig auslassen und herausnehmen. Zwiebel darin ca. 5 Minuten glasig braten, das restliche Gemüse zufügen und mit dem Muschelsud auffüllen. Thymian, Lorbeerblatt, Salz und Pfeffer zugeben und 30 Minuten köcheln lassen.

❹ Kartoffel inzwischen schälen und in 1 cm große Würfel schneiden, zugeben und weitere 15–20 Minuten garen. Muschelfleich in der Suppe erhitzen und vor dem Servieren mit Salz, Pfeffer und Tabasco abschmecken.

Für 6 Personen, pro Portion ca. 160 kcal

Minestrone

Jede italienische Hausfrau hat für »ihre« Minestrone eine eigenes Rezept. Es gehören immer verschiedene Gemüse, Hülsenfrüchte, Tomaten und Reis oder Nudeln mit hinein. Besonders aromatisch schmeckt die Suppe, wenn sie nochmals aufgewärmt wird. Probieren Sie die Minestrone im Sommer auch einmal eisgekühlt.

200 g getrocknete Bohnen
100 g Bauchspeck
1 Gemüsezwiebel
2 Knoblauchzehen
2 Möhren
3 Stangen Bleichsellerie
2 Zucchini
1 Stange Lauch
2 Kartoffeln
3 große Tomaten
2 Esslöffel Olivenöl
2 l Rinderbrühe
1 Lorbeerblatt
2 Zweige Thymian
Pfeffer aus der Mühle
Salz
125 g kleine Hartweizennudeln
6 Esslöffel geriebener Parmesan
3 Esslöffel gehackte Petersilie

❶ Bohnen über Nacht in kaltem Wasser einweichen, am nächsten Tag abgießen und abtropfen lassen.

❷ Bauchspeck würfeln. Die Gemüsezwiebel und den Knoblauch schälen, die Zwiebel fein hacken, den Knoblauch zerdrücken. Die Möhren schälen, den Bleichsellerie waschen, beides in Scheiben schneiden. Die Zucchini putzen, waschen und würfeln. Den Lauch putzen, waschen und in Ringe schneiden. Die Kartoffeln schälen und in 1 cm große Würfel schneiden. Die Tomaten überbrühen, häuten, entkernen und hacken.

❸ In einem Topf das Olivenöl erhitzen und Speck darin auslassen. Zwiebeln und Knoblauch hinzufügen und glasig braten. Bohnen und restliches Gemüse bis auf die Tomaten zufügen und kurz andünsten.

❹ Tomaten und Brühe zugeben, Gewürze mit in den Topf geben.
Bei milder Hitze ca. 2 Stunden köcheln lassen. Vor Ende der Garzeit entsprechend der Packungsanweisung die Nudeln zugeben.

❺ Suppe abschmecken, mit Parmesan und Petersilie bestreut servieren.

Für 6 Personen, pro Portion ca. 420 kcal

Tiroler Speckknödelsuppe

Die Speckknödelsuppe ist sättigend und kann durchaus als kleine Mittagsmahlzeit dienen. Der Speck gibt den Knödeln – die ruhig einen großen Durchmesser haben dürfen – einen kräftigen Geschmack. Bevorzugt man es dagegen etwas milder, lässt sich der Speck auch durch gekochten Schinken ersetzen.

4 dicke Scheiben Kastenweißbrot (mindestens einen Tag alt)

2 Zwiebeln

50 g durchwachsener geräucherter Speck

½ Esslöffel Butter

1 Ei

125 ml Sahne

Salz

frisch gemahlener Pfeffer

1 Esslöffel Mehl

2 Esslöffel feingehackte Petersilie

Paniermehl

1½ l Fleischbrühe

❶ Altbackenes Weißbrot in ca. 2 cm große Würfel schneiden. Zwiebeln schälen und fein hacken. Geräucherten Speck in feine Würfel schneiden. Butter in einer großen Pfanne zerlassen, Zwiebeln und Speckwürfel darin goldgelb braten.

❷ Brotwürfel zugeben und kurz mit anrösten. Pfanneninhalt in eine Schüssel geben, etwas abkühlen lassen, in der Zwischenzeit Ei mit Sahne verquirlen und mit Salz und Pfeffer würzen. Eimasse über die Brotwürfel gießen und von diesen aufsaugen lassen.

❸ Mehl und Petersilie zufügen und die Masse mit den Händen gut verkneten. Sollte der Teig zu weich sein, etwas Paniermehl zufügen.

❹ Fleischbrühe erhitzen. Mit angefeuchteten Händen den Teig zu Knödeln von ca. 7 cm Durchmesser formen und in die Brühe geben. Knödel ca. 10 Minuten in der simmernden Brühe garen, bis sie an der Oberfläche schwimmen.

Für 4 Personen, pro Portion ca. 350 kcal

Südtiroler Kastaniensuppe

Die herrlichen Kastanienbäume in Südtirol liefern jeden Herbst eine reiche Ernte, und deshalb gibt es zahlreiche Gerichte, in denen die nahrhaften und leicht süß schmeckenden Maroni auftauchen.

❶ Kastanien mit einem scharfen Messer an der Oberfläche kreuzweise einschneiden und auf ein Backblech legen. Im vorgeheizten Backofen bei 200 °C ca. 15 Minuten backen, bis die Schalen aufspringen.

❷ Heiße Kastanien sofort schälen. Gemüsebrühe erhitzen und Kastanien zugeben, 15 Minuten darin köcheln lassen. Kastanien in der Brühe mit einem Mixstab pürieren und anschließend Weißwein sowie etwas Salz und Pfeffer zufügen.

❸ Suppe mit Sahne verfeinern und noch einmal kurz aufkochen. Kerbel waschen und fein hacken, unter die Suppe rühren. Kastaniensuppe in Suppentassen geben und mit gerösteten Weißbrotwürfeln bestreuen.

Für 4 Personen, pro Portion ca. 240 kcal

300 g Esskastanien
1 l Gemüsebrühe
125 ml trockener Weißwein
Salz
frisch gemahlener weißer Pfeffer
125 ml Sahne
1 Bund Kerbel

Zuppa Pavese

Zuppa Pavese ist die italienische Variante der Pavesen, die wohl aus der böhmischen Küche stammen. Für die Pavesen gibt es verschiedene Rezepte und sogar eine süße Version mit Zimt und Vanillezucker.

❶ Altbackenes Brot in 1 cm dicke Scheiben schneiden, jede Scheibe mit etwas Milch beträufeln.

❷ Brotscheiben auf einem leicht gefetteten Backblech verteilen. Auf jede Brotscheibe ein frisches, aufgeschlagenes Ei gleiten lassen, mit Salz und Pfeffer würzen und etwas Parmesan darüber streuen. Sofort in den vorgeheizten Backofen schieben und bei 200 °C ca. 5–10 Minuten backen, bis die Eier gestockt sind.

❸ Fleischbrühe erhitzen, die heiße Brühe in große Suppentassen füllen und je ein mit Ei überbackenes Brot einlegen. Schnittlauch waschen, in feine Röllchen schneiden und darüber streuen.

Für 4 Personen, pro Portion ca. 330 kcal

1 großes Kastenweißbrot (mindestens einen Tag alt)
125 ml Milch
4 Eier
Salz
frisch gemahlener Pfeffer
4 Esslöffel geriebener Parmesan
1 l Fleischbrühe
1 Bund Schnittlauch
Fett für das Blech

Erdnuss-Suppe

Das Rezept für diese ungewöhnliche, aber köstlich schmeckende Suppe stammt aus Westafrika. Dort werden Erdnüsse angebaut, aus denen sich sowohl süße als auch pikante Gerichte zubereiten lassen. Die raffinierte Würze erhält die Suppe durch Chilipulver und Zitronensaft.

3 Schalotten
3 Frühlingszwiebeln
1 Esslöffel Butter
1 Esslöffel Tomatenmark
Chilipulver
Salz
750 ml Gemüsebrühe
5 Esslöffel Erdnussbutter
3 Esslöffel Kokosmilch
frisch gemahlener weißer Pfeffer
1 Esslöffel Zitronensaft

❶ Schalotten und 3 Frühlingszwiebeln schälen und fein hacken. Butter in einer großen Kasserolle zerlassen und Zwiebeln darin goldgelb rösten.

❷ Tomatenmark unterrühren und mit etwas Chilipulver und Salz würzen. Mit 250 ml Gemüsebrühe aufgießen und zehn Minuten köcheln lassen.

❸ Kasserolle vom Herd nehmen und Suppe pürieren. Restliche Gemüsebrühe zugießen und langsam erhitzen. Erdnussbutter nach und nach löffelweise in die warme Suppe geben und mit einem Schneebesen sorgfältig unterrühren.

❹ Kokosmilch zufügen und die Suppe noch einige Minuten schwach köcheln lassen. Suppe mit Salz, frisch gemahlenem Pfeffer und Zitronensaft abschmecken. Heiß servieren.

Für 4 Personen, pro Portion ca. 200 kcal

Mongolischer Feuertopf

Die Chinesen haben dieses Rezept wohl von den Mongolen übernommen, die als Reitervolk im Norden des großen chinesischen Reiches angesiedelt sind. Der Feuertopf eignet sich gut für Einladungen und ähnelt dem wohlbekannten Fondue: Dabei werden zum Beispiel hauchdünn geschnittene Scheiben Lammfleisch sowie verschiedene Gemüsesorten und Nudeln in eine köchelnde Brühe getaucht und gar gekocht.

1 kg Lammfilet

Menge und Zutaten nach Belieben:

chinesische Shiitake-Pilze
Sojasprossen
Bambussprossen
Wasserkastanien
Möhren
rote Paprikaschoten
Frühlingszwiebeln
in Honig eingelegte Ingwerpflaumen
in Essig eingelegter Ingwer
Sojasauce
Chilisauce
1 l Hühnerbrühe
Glasnudeln oder Reisnudeln

❶ Lammfilet kurz im Tiefkühlfach anfrieren – so lässt es sich leichter schneiden. Fleisch dann in hauchdünne Scheiben schneiden und auf einer Platte anrichten.

❷ Getrocknete Pilze 2–3 Stunden in kaltem Wasser einweichen. Frische Sojasprossen abspülen, eingelegte abtropfen lassen. Bambussprossen abtropfen lassen und Wasserkastanien blättrig schneiden. Möhren schälen und in dünne Scheiben und Paprikaschoten putzen, waschen und in Streifen schneiden. Frühlingszwiebeln putzen, waschen und in breite Stücke schneiden. Pilze und Gemüse einzeln in Schälchen anrichten. Ingwerpflaumen, Ingwer und Saucen ebenfalls in verschiedene Schälchen geben.

❸ Hühnerbrühe in einen Fonduetopf geben, Topf auf den Rechaud stellen und Brühe köcheln lassen. Jeder Gast kann sich nun aus den Schälchen mit Hilfe von Stäbchen Fleischstücke, Gemüse und Pilze nehmen und sie in der Brühe garen. Anschließend werden die gegarten Stücke nach Belieben in Soja- oder Chilisauce getaucht. Dazu passen die süßen Ingwerpflaumen oder der sauer eingelegte Ingwer.

❹ Zum Schluss die Glas- oder Reisnudeln in die köchelnde Brühe geben, die inzwischen die Aromen aller in ihr gekochten Zutaten aufgenommen hat und zu einem kräftigen Fond geworden ist. Sobald die Nudeln gar sind, diese mit der Brühe auf Schälchen verteilen.

Für 4 Personen, pro Portion ca. 860 kcal

Ungarische Krautsuppe

In dieser Suppe vereinen sich die typischen Zutaten Paprika, Sauerkraut und Sauerrahm. Mit klein geschnittenen, scharfen Würstchen wird sie zur idealen Mitternachtssuppe für feuchtfröhliche Partys. Am besten kochen Sie die Suppe schon am Vortag, durch das Aufwärmen schmeckt sie noch viel besser. Wer es pikant mag, verwendet scharfes Paprikapulver.

100 g durchwachsener Speck
3 mehlig kochende Kartoffeln
2 Esslöffel Butterschmalz
2 Zwiebeln
1 Esslöffel edelsüßes Paprikapulver
500 g Sauerkraut
1 l Rinderbrühe
6 Wacholderbeeren
1 Teelöffel schwarze Pfefferkörner
1 Lorbeerblatt
1 Prise Piment
Salz
Pfeffer aus der Mühle
200 g Sauerrahm
1 Bund Schnittlauch

❶ Speck fein würfeln, Kartoffeln schälen und in 1 cm große Würfel schneiden. Butterschmalz in einem Topf erhitzen und Speck darin auslassen.

❷ Zwiebeln schälen, fein würfeln und glasig anbraten. Paprikapulver darüber stauben und kurz mit anbraten. Sauerkraut und Kartoffelwürfel untermischen und mit Rinderbrühe ablöschen.

❸ Gewürze zufügen und alles ca. 30 Minuten köcheln lassen, bis die Kartoffelwürfel sehr weich sind. Mit Salz und Pfeffer abschmecken.

❹ Den Schnittlauch waschen und in Röllchen schneiden. Suppe mit Sauerrahm und Schnittlauchröllchen garniert servieren.

Für 4–6 Personen, pro Portion ca. 270 kcal

Ungarische Gulaschsuppe

Wichtigste Bestandteile der ungarischen Gulaschsuppe sind Zwiebeln, Rindfleisch und Kartoffeln – sie werden in einer feurigen Tomatensoße langsam geschmort. Wer es ganz kräftig möchte, kann der Suppe zum Schluss noch in Scheiben geschnittene Debreziner zugeben.

50 g Butterschmalz
250 g Zwiebeln
2 Esslöffel Paprikapulver (edelsüß oder mittelscharf)
1½ l Rinderbrühe
250 g Rindfleisch
4 Tomaten
2 Knoblauchzehen
Salz
frisch gemahlener Pfeffer
Kümmel
Majoran
2 rote Chilischoten (scharf)
250 g Kartoffeln
1 Möhre

❶ Butterschmalz in einer großen Kasserolle erhitzen, Zwiebeln schälen und fein hacken, im Schmalz goldgelb braten. Paprikapulver über die Zwiebeln streuen und kurz unterrühren, dann mit 4 Esslöffel Brühe aufgießen.

❷ Rindfleisch in Würfel schneiden und in der Kasserolle anschmoren. Tomaten mit kochendem Wasser überbrühen, häuten und in Achtel schneiden. Kerne entfernen und Tomatenstücke zum Fleisch geben.

❸ Knoblauchzehen schälen und zerdrücken, zusammen mit den Gewürzen in den Topf geben. Chilischoten einmal der Länge nach einritzen und ebenfalls zufügen.

❹ Mit der restlichen Brühe aufgießen und ca. 45 Minuten köcheln lassen. Kartoffeln und Möhre schälen, in kleine Würfel schneiden, zum Fleisch geben und weitere 20 Minuten garen.

❺ Chilischoten herausnehmen und Suppe auf große Teller verteilen. Kräftiges Landbrot dazu reichen.

Für 4 Personen, pro Portion ca. 390 kcal

Pasta e fagioli

Diese italienische Spezialität ist ein typisches »Arme-Leute-Gericht«, das sehr sättigend ist. Diese Suppe schmeckt auch kalt sehr gut. Mit Krebsschwänzen oder Scampi als Ergänzung wird er zu einem edlen Genuss.

250 g getrocknete weiße Bohnen
4 Knoblauchzehen
2 Lorbeerblätter
1 Zweig Salbei
80 ml Olivenöl
100 g Frühstücksspeck
2 Möhren
2 Stangen Bleichsellerie
1 Zwiebel
1 ½ l Hühnerbrühe
200 g Bandnudeln
Salz
Pfeffer aus der Mühle
1 Zweig Rosmarin
2 Zweige Thymian

❶ Bohnen über Nacht in kaltem Wasser einweichen. 2 Knoblauchzehen schälen und fein hacken. Bohnen abgießen, mit dem Knoblauch und den Gewürzen in einen Topf geben, 20 ml Olivenöl zugießen und mit Wasser bedecken. Zum Kochen bringen und bei milder Hitze in ca. 1½ Stunden weich kochen.

❷ Inzwischen Möhren und Sellerie putzen, waschen und in kleine Würfel schneiden, Zwiebel und restliche Knoblauchzehen schälen und fein hacken, Speck klein würfeln. Speck in 10 ml heißem Öl auslassen und Gemüse darin anschwitzen, mit Brühe auffüllen und ca. 1 Stunde köcheln lassen.

❸ Lorbeerblätter und Salbei aus den Bohnen nehmen, die Hälfte der Bohnen pürieren. Bohnenpüree zusammen mit den restlichen Bohnen zum Gemüsefond geben.

❹ Suppe zum Kochen bringen, Nudeln in kurze Stücke brechen und darin bissfest kochen. Mit Salz und Pfeffer abschmecken.

❺ Rosmarin- und Thymianblättchen waschen, von den Zweigen streifen und fein hacken. Gericht mit den Kräutern bestreuen und mit restlichem Olivenöl beträufelt servieren.

Für 6 Personen, pro Portion ca. 600 kcal

Gazpacho

Diese Gemüsesuppe wird kalt serviert und ist deshalb ein erfrischendes Essen für heiße Sommertage. Im Ursprungsland Spanien wird sie oft mit Eiswasser verdünnt. Dazu reicht man geröstete Brotwürfel und fein gehacktes Gemüse.

2 Salatgurken

500 g Tomaten

3 Zwiebeln

1 grüne Paprikaschote

1 rote Paprikaschote

3 Knoblauchzehen

½ Kastenweißbrot

4 Esslöffel Olivenöl

4 Esslöffel Rotweinessig

Salz

frisch gemahlener schwarzer Pfeffer

2 Esslöffel Tomatenmark

❶ Gurken schälen, der Länge nach halbieren, Kerne entfernen und Gurkenhälften fein würfeln. Tomaten kurz in kochendes Wasser tauchen, Haut abziehen, in Achtel schneiden, vom Stielansatz befreien und entkernen. Paprikaschoten waschen, halbieren, entkernen und in feine Würfel schneiden. Zwiebel schälen und fein würfeln.

❷ Jeweils ¾ der gewürfelten Gurken, Zwiebeln und Paprikaschoten sowie der Tomaten in einen Mixer geben. Das restliche Drittel des Gemüses beiseite stellen. Knoblauch schälen, fein hacken und zum restlichen Gemüse in den Mixer geben. Rinde am Weißbrot entfernen, Brot in Würfel schneiden und ¾ davon zum Gemüse in den Mixer geben.

❸ Olivenöl und Essig zugeben und die Masse im Mixer fein pürieren. Mit Salz und Pfeffer abschmecken und das Tomatenmark unterrühren. Falls die Suppe zu dickflüssig ist, nach Belieben mit etwas Eiswasser verdünnen.

❹ Gazpacho ca. 2 Stunden zugedeckt kühl stellen. Kurz vor dem Servieren mit einem Schneebesen kräftig verrühren. Restliche Weißbrotwürfel in einer Pfanne goldbraun rösten und mit den Gemüsewürfeln in Schälchen zur Suppe reichen.

Für 4 Personen, pro Portion ca. 250 kcal

Suppeneinlagen

Eine Grundsuppe kann durch verschiedene Einlagen nach Belieben variiert werden und so immer wieder anders schmecken – mal leicht, ein anderes Mal gehaltvoll. Ob Mark- (s. S. 144) oder Lachsklößchen (s. S. 147), ein Eierstich (s. S. 148) oder Pfannkuchen (s. S. 150) als Zugabe in die Suppe kommen, hängt in erster Linie vom nachfolgenden Hauptgericht ab. Gibt es im Anschluss ein leichtes Essen, darf die Suppe ruhig etwas gehaltvoller sein.

Geröstetes Brot als Suppeneinlage

Geröstetes Brot stellt vor allem für Cremesuppen das Tüpfelchen auf dem i dar. Knusprige Brotwürfel verfeinern allerdings jede Suppe. Sie sättigen und machen die Vorspeise damit zur Zwischenmahlzeit.

Geröstete Brotwürfel

Mindestens einen Tag altes Weißbrot oder Vollkornbrot in Würfel schneiden. Einen Esslöffel Butter in einer großen Pfanne zerlassen. Brotwürfel zugeben und auf kleinster Stufe goldbraun rösten.

Geröstete Knoblauch-Brote

Stangenweißbrot oder Brötchen in 1 cm dicke Scheiben schneiden, Schnittflächen mit einer halbierten Knoblauchzehe einreiben und von beiden Seiten in etwas Olivenöl goldbraun rösten.

Gegrillte Weißbrotscheiben

Eine größere Menge geröstetes Brot lässt sich schnell im Backofen auf dem Rost grillen. Diese Einlage eignet sich besonders gut für heiße Bouillons oder für Konsommees. Kastenweißbrot in 1 cm dicke Scheiben schneiden, mit etwas Butter bestreichen, salzen und pfeffern und auf den Backofenrost legen, bei 180 °C knusprig grillen.

Geröstetes Brot mit Käse

Die ideale Einlage für eine klassische französische Zwiebelsuppe: Baguette in Scheiben schneiden, mit geriebenem Emmentaler bestreuen und auf dem Backblech im Ofen bei 180 °C backen, bis der Käse geschmolzen und das Brot knusprig ist.

Kräuterbrot

Als Einlage für eine kräftige, italienische Minestrone eignen sich geröstete Weißbrotscheiben, die mit Knoblauch abgerieben, dann mit Butter bestrichen und mit fein gehacktem frischen Basilikum oder Petersilie bestreut werden.

Mozzarella-Brote

Eine köstliche Einlage, nicht nur für italienische Suppen. Weißbrotscheiben zu kleinen Quadraten schneiden und mit einem Stückchen Mozzarella belegen. 2–3 Blättchen frischen Oregano darauf legen, pfeffern und im Backofen bei 200 °C grillen, bis der Käse geschmolzen ist.

Grießklößchen

Ein Klassiker aus der bayerischen und österreichischen Küche. Die Grießklößchensuppe ist leicht und bekömmlich. Verwenden Sie für diese feine Suppe möglichst eine selbst gemachte Brühe, so kommt der zarte Geschmack der Klößchen am besten zur Geltung.

Für 1 l Brühe:

50 g Butter

1 Ei

2 Teelöffel feingehackter Kerbel

Salz

Muskatnuss

100 g Weizengrieß

❶ Weiche Butter schaumig rühren. Ei, feingehackten Kerbel, Salz und etwas geriebene Muskatnuss zugeben und unterrühren. Weizengrieß langsam einrieseln lassen und untermengen. 30 Minuten ruhen lassen, damit der Grieß quellen kann.

❷ Rinderbrühe langsam zum Kochen bringen. Mit einem Teelöffel von der Grießmasse kleine längliche Klößchen abstechen, am Schüsselrand glatt streichen und mit einem zweiten Teelöffel abstreifen und in die siedende Brühe gleiten lassen.

❸ Klößchen 10–15 Minuten bei schwacher Hitze in der Brühe gar ziehen lassen, bis sie oben schwimmen. Sie sollten außen weich, aber innen noch etwas fest sein.

Für 4 Personen, pro Portion ca. 260 kcal

Brandteigkrapfen

Eine aparte Suppeneinlage, für die man einen klassischen Brandteig zubereitet, aus dem man sonst süße Windbeutel macht. Der Teig selbst ist immer neutral, das heißt ungezuckert, und die knusprigen Teilchen munden auch in der Suppe.

Für 1 l Brühe:

50 g Butter

1 Prise Salz

100 g Weizenmehl

3 Eier

Fett für das Blech

❶ 125 ml Wasser mit Butter und Salz aufkochen. Topf vom Herd nehmen, Mehl rasch einsieben und glatt rühren.

❷ Topf erneut auf die Herdplatte stellen und kräftig rühren, bis sich der Teig von der Topfwand löst und zu einem Kloß formt.

❸ Topf wieder vom Herd nehmen und 1 Ei unter den heißen Teig rühren. Teig kurz abkühlen lassen, nach und nach die restlichen Eier unter den Teig schlagen. 30 Minuten ruhen lassen.

❹ Backblech fetten, Teig in einen Spritzbeutel füllen und sehr kleine Kugeln auf das Blech spritzen. Bei 200 °C in ca. 10–15 Minuten im Backofen goldgelb backen. Unter das Backblech ein hitzefestes Schälchen mit etwas Wasser stellen – der Wasserdampf lässt den Brandteig besser aufgehen.

Für 4 Personen, pro Portion ca. 240 kcal

Lachsklößchen

Diese leichte Einlage ist geeignet für klare oder gebundene Fischsuppen, denen man den Garsud gut beigeben kann. Sie schmecken aber auch kalt köstlich mit einem kleinen Blattsalat und einer Kerbelsauce als Vorspeise.

Für 1 l Liter Brühe:

250 g Lachsfilet
1 Schalotte
1 Esslöffel Butter
250 ml Fischfond
125 ml trockener Weißwein
2 Eiweiße
Salz
1 Esslöffel Mehl
weißer Pfeffer aus der Mühle
1 Esslöffel gehackter Kerbel

❶ Filet kurz abspülen, abtrocknen und in kleine Stücke schneiden. Schalotte schälen und sehr fein würfeln. Butter aufschäumen und Schalotten kurz garen, ohne dass sie Farbe annehmen. Lachs zugeben und mit Fischfond und Wein ablöschen. Kurz aufkochen lassen, vom Ofen nehmen und in 5 Minuten gar ziehen lassen. Durch ein Sieb gießen und abkühlen lassen.

❷ Eiweiß mit etwas Salz sehr steif schlagen. Mehl und das im Mixer pürierte Lachsfilet vorsichtig unterheben, mit Salz, Pfeffer und Kerbel würzen. Die Masse ca. 30 Minuten in den Kühlschrank stellen.

❸ Mit einem Esslöffel Klößchen abstechen und 5 Minuten in leicht siedendem Salzwasser pochieren.

Für 4 Personen, pro Portion ca. 190 kcal

Käseklößchen

Bouillons und Brühen aller Art lassen sich mit unterschiedlichen Einlagen immer neu variieren. Eine feine und schnell zubereitete Einlage sind Käseklößchen, für die man auch Käsereste verwenden kann.

Für 1 l Brühe:

2 Eier

20 g Butter

5 Esslöffel geriebener Gruyère

Salz

weißer Pfeffer aus der Mühle

Eiweiß

❶ Eier hart kochen, abschrecken und schälen. Eigelb mit einer Gabel zerdrücken, Eiweiß sehr fein hacken.

❷ Weiche Butter und geriebenen Käse zu den zerkleinerten Eiern geben und sorgfältig vermischen. Mit etwas Salz und Pfeffer würzen. Sollte der Teig zu trocken sein, etwas flüssiges Eiweiß unterkneten.

❸ Fleischbrühe erhitzen. Mit einem Teelöffel Klößchen vom Teig abstechen und in die Brühe geben. Käseklößchen in der siedenden Brühe ca. 5 Minuten garen, jedoch nicht kochen, denn sonst zerfallen sie.

Für 4 Personen, pro Portion ca. 240 kcal

Eierstich

In der französischen Küche besonders beliebt ist der Eierstich, eine feine Suppeneinlage für Fleischbrühen und Festtagssuppen. Mit Hilfe von kleinen Ausstechförmchen aus dem Haushaltsgeschäft kann man das gestockte Ei in eine hübsche Form bringen.

Für 1 l Brühe:

2 Eier

4 Esslöffel Milch

1 Esslöffel Sahne

Salz

frisch gemahlener Pfeffer

Muskatnuss

1 Teelöffel Butter

❶ Eier mit Milch und Sahne in eine Schüssel geben, mit dem Schneebesen kräftig verquirlen.

❷ Eiermasse salzen und pfeffern und mit etwas geriebener Muskatnuss würzen. Puddingförmchen (mit glattem Boden) mit Butter ausstreichen, die Eiermasse zugießen. Puddingförmchen ins Wasserbad stellen und dieses ca. 15 Minuten sieden lassen, bis das Ei gestockt ist.

❸ Puddingförmchen aus dem Wasserbad nehmen, abkühlen lassen und Eierstich auf einen flachen Teller oder eine Platte stürzen. Eierstich in schmale Streifen, in Würfelchen oder Rauten schneiden oder mit kleinen Förmchen Figuren ausstechen. In Teller legen und mit heißer Brühe übergießen.

Für 4 Personen, pro Portion ca. 60 kcal

Pfannkuchen

Ein Klassiker aus der gutbürgerlichen Küche ist die Pfannkuchensuppe. Besonders appetitlich sieht die Suppe aus, wenn man aus den Omeletts mit Hilfe von Ausstechförmchen dekorative Figuren ausschneidet.

Für 1 l Brühe:

6 gehäufte Esslöffel Mehl

250 ml Milch

2 Eier

Salz

1–2 Esslöffel Butter

❶ Mehl in eine Schüssel geben, Milch mit dem Schneebesen langsam unterrühren, Eier und Salz zugeben und alles zu einer glatten Masse verschlagen. Teig 30 Minuten quellen lassen.

❷ Butter in einer Pfanne schmelzen, 2–3 Esslöffel Teig hineingeben, in der Pfanne gleichmäßig verteilen und von beiden Seiten goldgelb backen. Auf diese Weise ca. 4 Pfannkuchen backen.

❸ Fleischbrühe erhitzen. Pfannkuchen auf einem flachen Teller aufeinander legen und mit kleinen Ausstechformen beliebige Figuren ausschneiden.

Für 4 Personen, pro Portion ca. 220 kcal

Leberknödel

In der süddeutschen Region ist die Leberknödelsuppe ein Klassiker. Sie wird meist vor dem großen Sonntagsbraten gereicht. Am besten schmeckt diese Vorspeise, wenn man die Knödel in einer Rinderbrühe ziehen lässt.

❶ Leber durch den Fleischwolf drehen, in eine große Schüssel geben. Brötchen in etwas Wasser einweichen, mit den Händen fest ausdrücken und zur Leber geben. Ei aufschlagen und zugeben.

❷ Zwiebeln schälen, fein hacken und in Butter leicht anbräunen. Petersilie waschen, fein hacken und mit den Zwiebeln in die Schüssel geben. Gewürze zufügen und die Masse mit den Händen verkneten. Je nach Konsistenz der Knödelmasse noch etwas Paniermehl unterkneten, der Teig darf nicht zu weich sein. Knödelteig eine halbe Stunde kühl stellen.

❸ Rinderbrühe aufkochen, aus dem Teig mit angefeuchteten Händen Knödel von ca. 5 cm Durchmesser formen und langsam in die Brühe gleiten lassen. Knödel ca. 10 Minuten ziehen lassen, aber nicht kochen.

Für 4 Personen, pro Portion ca. 300 kcal

Für 1 l Brühe:

150 g Rinderleber

2 altbackene Brötchen

1 Ei

2 Zwiebeln

30 g Butter

½ Bund Petersilie

Salz

frisch gemahlener schwarzer Pfeffer

etwas geriebene Muskatnuss

1 Teelöffel Majoran

Paniermehl

Register

Die Deutsche Bibliothek –
CIP-Einheitsaufnahme

Suppen : die Klassiker der schnellen Küche / [Britta Reichel].
- Köln : DuMont, 2000
(Monte von DuMont)
ISBN 3-7701-8588-9

Konzept und Realisation:
Meidenbauer • Martin Verlagsbüro, München
Redaktion: Gisela Witt, Margit Hoffmann, Susanne Maß, Dagmar Fronius-Gaier, Josef Hinterschnaiter, Simone Steger
Layout und Satz:
HUBERT Medien Design, München
Fotografien: Brigitte Sporrer, Alena Hrbkova
Foodstyling: Tim Landsberg
Umschlagabbildung:
© Stockfood/Schieren
Umschlaggestaltung:
BOROS, Wuppertal
Gesamtherstellung:
Druckerei Appl, Wemding

ISBN 3-7701-8588-9

Printed in Germany

Bildnachweis:
Redaktion und Verlag danken für die Unterstützung bei der Realisation des Buches:
Culti, München: 6, 8
Rosenthal Studio-Haus, München: 77, 78, 88, 108, 141, 146, 152
Porzellan Manufaktur Nymphenburg, München: 9

Die Autorin:
Britta Reichel lebt und arbeitet in Heidenau bei Dresden. Sie ist als freie Autorin in den Bereichen Kochen und Gesundheit tätig.

Die Fotografen:
Brigitte Sporrer und Alena Hrbkova lernten sich während ihrer Ausbildung als Fotografinnen in München kennen. Nach Assistenz bei verschiedenen Werbe- und Foodfotografen arbeiten sie nun in eigenen Studios in München und Prag.

Der Foodstylist:
Tim Landsberg, gelernter Koch aus Bonn, arbeitet in München als freier Foodstylist für Kunden aus der Print- und TV-Werbung. Daneben wirkt er an Kochbüchern mit.